Rudi Rhode, Mona Sabine Meis, Ralf Bongartz
Angriff ist die schlechteste Verteidigung
Der Weg zur kooperativen Konfliktbewältigung

Ausführliche Informationen zu weiteren Büchern aus den Bereichen Kommunikation/Konfliktbewältigung und Meditation sowie zu jedem unserer lieferbaren und geplanten Bücher finden Sie im Internet unter www.junfermann.de – mit ausführlichem Infotainment-Angebot zum JUNFERMANN-Programm ... mit Newsletter und Original-Seiten-Blick ...

Besuchen Sie auch unsere e-Publishing-Plattform www.active-books.de – mittlerweile rund 250 Titel im Angebot, mit zahlreichen kostenlosen e-Books zum Kennenlernen dieser innovativen Publikationsmöglichkeit.

Übrigens: Unsere e-Books können Sie leicht auf Ihre Festplatte herunterladen!

Eine Auswahl von e-books bei www.active-books.de:

Cora Besser-Siegmund: „Coach Yourself" (kostenlos)
Lothar J. Seiwert: „Zeit-Balance" (kostenlos)
Gisela Blümmert: „Konfliktmanagement mit NLP" (€ 10,00)
Vera F. Birkenbihl: „Der 3-Phasen-Trainer-Plan" (€ 8,50)
Michaela Eggers: „KonfliktBox" (€ 7,00)
Roland Betz: „Konfliktsouveränität – der Konflikt als Chance" (€ 5,50)
Stéphane Etrillard: „Gekonnt gekontert" (€ 5,00)
Eckart Fiolka & Thomas Rückerl: „Moderation in Action" (€ 5,00)
Rudi Rhode & Mona Sabine Meis: „Körpersprache im Verkauf" (€ 4,50)
Roland Betz: „Zuhör-Profi werden: Was heißt zuhören können?" (€ 3,00)
Jutta Kreyenberg: „Konflikte erfolgreich bewältigen" (€ 3,00)

Rudi Rhode, Mona Sabine Meis, Ralf Bongartz

Angriff ist die schlechteste Verteidigung

Der Weg zur kooperativen Konfliktbewältigung

Junfermann Verlag • Paderborn
2004

© Junfermannsche Verlagsbuchhandlung, Paderborn 2003
2. Auflage 2004

Satz: JUNFERMANN Druck & Service, Paderborn

Bibliographische Information der Deutschen Bibliothek
Die Deutsche Bibliothek verzeichnet diese Publikation in der Deutschen Nationalbibliographie; detaillierte bibliographische Daten sind im Internet über http://dnb.ddb.de abrufbar.

ISBN 3-87387-542-X

Inhalt

Abschied von der Schlagfertigkeit
Einleitende Anmerkungen

Überall dort, wo Menschen zusammen leben und arbeiten, sind Konflikte unvermeidlich: Wer darf zuerst ins Bad und wer kocht den Kaffee? Wer kriegt das Auto, wer den freien Parkplatz? Wer bekommt den Sitzplatz in der überfüllten U-Bahn und wer wird beim Kiosk zuerst bedient? Wer muss die neuen Aufträge bearbeiten, wem kann der Vorgesetzte die Aktenberge zur Bearbeitung übertragen, wer muss für die kranke Kollegin einspringen und welcher Vorschlag setzt sich auf der Teamsitzung durch? Darf im gemeinsamen Pausenraum geraucht werden und welche Strafen sind pädagogisch sinnvoll, wenn die Schülerinnen und Schüler ihre Hausaufgaben nicht gemacht haben? Wann müssen die Kinder abends zu Hause sein und wie lange dürfen sie aufbleiben? Wer verfügt über die Fernbedienung des Fernsehers und bestimmt die Filmauswahl? Hinter all diesen Fragen lauern Konflikte – von früh morgens bis spät abends ...

Konflikte sind lästig. Sie kosten Kraft, zehren an unseren Nerven und trüben oder vergiften das Klima. Keine Woche vergeht, in der wir nicht die zerstörerischen Wirkungen von Streitigkeiten am eigenen Leib erfahren: Wir verspüren ein flaues Gefühl in der Magengegend, das Herz schlägt schneller, die Gedanken kreisen immer um den Konflikt, und wir spüren, wie unsere Energien schwinden. So sehr wir uns auch bemühen, diese negativen Erfahrungen zu vermeiden und Streitigkeiten nicht eskalieren zu lassen – stets tappen wir in die Fallen, die wir uns selbst aufgestellt haben. Ob in der Top-Etage des Managements über die Höhe der Investitionen gestritten wird oder daheim über den Abwasch: Wenn der Hals schwillt, verfallen wir immer wieder in unsere gewohnten Konfliktmuster. Der eine wird laut, verletzend und ausfallend, der andere gibt kleinlaut bei und lässt über sich verfügen, und der Letzte flüchtet aus dem Konflikt und frisst den Ärger in sich hinein. Und das alles, um nur wenige Augenblicke nach dem Streit zu spüren, dass wir erneut gescheitert sind – an uns selbst. Und dann nehmen wir uns vor, es bei der nächsten Auseinandersetzung ganz anders zu machen. Aber wie?

Dieses Buch richtet sich an alle, die unzufrieden sind mit ihrer Art und Weise, wie sie sich in Auseinandersetzungen verhalten. Wir möchten diejenigen ansprechen, die bereit sind, die Verantwortung für ihr eigenes Konfliktverhalten zu übernehmen, ohne die Schuld an die jeweiligen Streitpartner zu delegieren. Dabei spielt es überhaupt keine Rolle, ob Sie – liebe Leserin oder Leser – die Sie belastenden Konflikte mit Ihren Partnerinnen und Partnern, mit Ihren Kindern, mit Ihren Mitarbeitern, Untergebenen oder Chefs haben. Auf die Anregungen, die wir Ihnen geben möchten, können Sie in jedem Streit, in jeder Auseinandersetzung und jedem Interessengegensatz zurückgreifen. Ob aus einem Streit um die Haare im Bad ein Konflikt um grundsätzliche Beziehungsangelegenheiten wird oder ob eine Reklamation zum Abbruch von Geschäftsbeziehungen führt, das liegt nicht zuletzt in Ihrer Hand. Wir möchten Ihnen daher in den folgenden Kapiteln Möglichkeiten aufzeigen, wie Sie Verantwortung für verletzungsfreie Konfliktverläufe übernehmen können. Bei der Umsetzung der vorgestellten Wege einer kooperativen Konfliktbearbeitung in Ihre jeweilige Praxis werden Sie feststellen, dass Sie an Kraft und Klarheit gewinnen werden.

Aber auf eines sollten Sie sich vorbereiten: Unser Ansatz von Konfliktbewältigung reibt sich mit dem Hauptprinzip herkömmlicher Streit„kultur" in unserer Gesellschaft, das da lautet: *„Angriff ist die beste Verteidigung."*

Jeder von uns dürfte diesen Satz dutzendfach benutzt und das eigene Konflikt-Verhalten oftmals daran orientiert haben. Kaum einer, der das Prinzip einer angreifenden Verteidigung für sich in Frage stellt. Und wer auch nur einmal seine Kinder auf einem öffentlichen Spielplatz beaufsichtigt hat, der musste hören, wie besorgte Eltern ihre Kleinen schon im Sandkasten ermahnen: *„Wenn du angegriffen wirst, musst du zurückschlagen!"* Innerhalb der Männerwelt gilt der Leitsatz: *„Als Mann muss man sich notfalls auch körperlich zur Wehr setzen können."* Was als Notfall gilt, bestimmen die Betroffenen selbst und wird erfahrungsgemäß sehr großzügig ausgelegt. Kaum ein Täter, der seine aggressiven oder gewaltsamen Taten nicht aus einer subjektiv empfundenen Opferhaltung heraus rechtfertigt. Die eigene Tat wird durchgehend als verteidigende Reaktion auf das verletzende Verhalten der Mitmenschen empfunden. Jeder handelt in der festen Überzeugung, dass das Gegenüber schließlich angefangen habe: *„Man wird sich doch noch wehren dürfen."* Und bei der Abwehr eines Angriffs gilt der Grundsatz: *„Angriff ist die beste Verteidigung."*

Auch die menschenverachtenden Gewalttaten rechtsradikaler Jugendlicher werden von ihnen selbst stets mit einer Opferrolle legitimiert: Sie fühlen sich überfremdet, Asylanten nehmen ihnen die Arbeitsplätze weg, ihr Vaterland wird von Fremden überflutet, die Reinheit der Rasse ist bedroht und sie wähnen sich von der Gesellschaft an den Rand gedrängt. Aus dieser empfundenen Opferhaltung leiten sie die Berechtigung ab, sich im Namen einer schweigenden Masse gegen die Angriffe von außen *wehren* zu dürfen – sie organisieren sich in *Wehr*sportgruppen (!). Und die *Wehr*macht im Nationalsozialismus kämpfte für ein „Volk ohne Raum".

Aber glauben nicht auch wir „zivilisierten" Erwachsenen in Konflikten, mit unseren stich-haltigen Argumenten und unserer scharfen Zunge auf die Angriffe und Verletzungen unserer Mitmenschen lediglich zu reagieren? Gelingt es nicht auch uns immer wieder, durch selektive Wahrnehmung und die dadurch erzeugte Realitätsverschiebung dem Gegenüber die Schuld an unseren Konflikten zuzuschieben? *„Du hast schließlich angefangen"*, so führen wir dann eilfertig die Entschuldigung für unsere Verletzungen ins Feld, die wir dem Anderen zugefügt haben. *„Ein Wort gibt das andere"*, und schon kommt es im Eifer des Gefechts zu einem verbalen Schlag-abtausch.

Wer immer noch skeptisch ist, dass auch in den Konflikten von „vernünftigen" Erwachsenen die Maxime *„Angriff ist die beste Verteidigung"* gilt, der bedenke, dass Schlagfertigkeit ein durchgehend positiv besetzter Begriff in unserer Gesellschaft ist. Niemand würde es als Beleidigung empfinden, von seinen Mitmenschen als schlagfertig bezeichnet zu werden. Im Gegenteil: Schlagfertig zu sein gilt als Auszeichnung.

Was aber bedeutet Schlagfertigkeit? Ist es nicht die Fähigkeit, auf jede verbale Attacke eines Gegners mit einem rhetorischen Gegenangriff so reagieren zu können, dass dessen Angriff unmittelbar pariert und er außer Gefecht gesetzt wird? Verfolgt Schlagfertigkeit nicht das Ziel eines Sieges auf Kosten des Gegners?

Das vorliegende Buch propagiert den Abschied von der Schlagfertigkeit. Wer im Konfliktfall auf einen Angriff mit einem Gegenangriff reagiert, produziert Kampf. Der Kampf jedoch, und das wird der erste Hauptteil des Buches zeigen, ist in den meisten Konflikten die schlechteste Strategie der Konfliktbewältigung: Denn der Kampf produziert Gegnerschaft. Ein Konflikt, der durch einen Sieg über den Gegner beendet wurde, ist nicht gelöst. Die Beziehung der Konfliktpartner nimmt Schaden und der Streit schwelt offen oder verdeckt bis zum nächsten Ausbruch weiter.

Im zweiten Hauptteil geht es um den Abschied von der Schlagfertigkeit und die Darstellung kooperativer Konflikt-Strategien. Wie lässt sich das uralte Schema des Kampfes vermeiden; wie lässt sich das Spiel von Angriff und Gegenangriff verweigern; wie können wir uns im Konflikt respektvoll gegenüber unserem Konfliktpartner verhalten und gleichzeitig unsere Interessen mit Klarheit verfolgen? Und wie lassen sich auf der Basis kooperativer Konfliktbewältigung Lösungen erzielen, die einvernehmlich und zugleich tragfähig sind? Der Drahtseilakt zwischen Wertschätzung und Durchsetzungsfähigkeit ist gerade in heftigen Auseinandersetzungen schwierig zu bewerkstelligen.

Im dritten Hauptteil des Buches stellen wir Ihnen einen kleinen Leitfaden vor, der Ihnen den beschwerlichen Weg hin zur kooperativen Bewältigung von Konflikten erleichtern soll. Anhand praxisnaher Beispiele aus dem privaten und beruflichen Alltag werden die im zweiten Hauptteil erarbeiteten konstruktiven Konfliktstrategien vertieft und trainiert.

Stets agieren wir in Konflikten nicht nur mit Worten, sondern auch nonverbal. Eine einzelne unbedachte Drohgebärde kann ausreichen, einen Konflikt kippen zu lassen. Wir können auf der verbalen Ebene deeskalierend vorgehen, doch wenn unsere Körpersprache die Kooperation durch Signale der Überheblichkeit unterläuft, üben wir Druck aus und produzieren Gegendruck. Und ein flüchtender Blick oder ein unsicheres Lächeln können beim Konfliktpartner Zweifel an unserer Durchsetzungsfähigkeit aufkeimen lassen. Wir rutschen ab in die Opferrolle. Im Zweifelsfall gilt der Grundsatz: Wir reagieren stärker auf das, was wir sehen, als auf das, was wir hören. Der Körper lügt nicht!

Daher gilt: Wer sich kooperativ im Konflikt verhalten will, sollte auch auf die körpersprachliche Präsenz achten. Aus diesem Grunde haben wir diesem Buch einen Ansatz zugrunde gelegt, der die verbalen wie nonverbalen Botschaften unseres Konfliktverhaltens gleichermaßen berücksichtigt: der kommunikative Status. Denn nur ein ganzheitlicher Ansatz kann zum Erfolg einer verletzungsfreien Konfliktbewältigung führen.

Stellen Sie sich vor, Sie möchten Trompete spielen lernen. Sie brauchen viel Übung und einen langen Atem, bis Sie dieses Instrument beherrschen. Ähnlich verhält es sich mit unserem Streitverhalten: Auch die vorgestellten gewaltfreien Konflikt-Strategien bedürfen vieler Übung, bis sie zu unserem alltäglichen Handlungsrepertoire gehören. *„Der längste Weg beginnt mit dem ersten Schritt."* Vielleicht ermuntert Sie dieses Buch, den ersten Schritt zu wagen und den Weg der Kooperation und konstruktiven Konfliktbearbeitung zu gehen.

I

Du oder Ich

Konfrontation im Konflikt

1. Spurensuche
Konfrontativer Konflikt

„Konfrontation" und „Konflikt" – zwei Worte, die häufig in einem Atemzug genannt werden. Beide fangen mit der gleichen Prefix „Kon" an. Zufall oder nicht? Um dieser Frage nachzugehen, greifen wir zunächst einmal zu einem Lexikon. Dort steht dann:

> **„Konfrontation**, (lat.) Gegenüberstellung, bes. von Personen vor Gericht."

Das kann doch nicht alles sein! Die Definition beschränkt sich in einem 20-bändigen Lexikon auf diese lapidaren sechs Worte? Also müssen wir selbst weiterdenken: Der Wortstamm **Kon** drückt Gemeinsamkeit aus und bedeutet so viel wie „zusammen". Die **Kon**frontation ist demnach eine Zusammenkunft. Aber welcher Art ist die Zusammenkunft bei einer Kon**front**ation? Sie verläuft **frontal**, von Angesicht zu Angesicht. Eine Begegnung auf Augenhöhe. Aug´ in Auge. Vielleicht sogar *„Aug' um Auge, Zahn um Zahn"?* Bei der Konfrontation handelt es sich um eine Zusammenkunft, bei der sich Menschen frontal **gegen**überstehen. Es entstehen Fronten. Die an der Konfrontation beteiligten Personen stoßen aneinander, vielleicht sogar gegeneinander. Und wenn Menschen sich gegenüberstehen und sogar gegeneinander stoßen, dann sind sie Gegner in einem Kampf. In einem Kampf wiederum gibt es für die beteiligten Parteien nur zwei Optionen: Sieg oder Niederlage, Eroberung oder Unterwerfung! Der Kampf ist ein Null-Summen-Spiel: Was du gewinnst, verliere ich; und umgekehrt. **Du oder Ich** – das ist das Wesen der Konfrontation.

Konflikt – der zweite Begriff. Ein erneuter Griff in das noch aufgeschlagene Lexikon, und auf der gleichen Seite (welch' Zufall: Konfrontation und Konflikt liegen auch im Lexikon untrennbar zusammen) finden wir folgende Erklärung:

> **„Konflikt** (lat.), Streit, Zusammenprall, Gegensatz; in der Psychologie: Widerstreit von Motiven."

Zwar bringt es dieser Begriff in einem 20-bändigen Lexikon auf immerhin neun erklärende Worte, aber erschöpfend ist diese Auskunft auch nicht. Also helfen uns auch hier nur eigene Deutungen und Überlegungen weiter. Da gemäß der lexikalischen Definition ein Konflikt ein Zusammenprall ist, erklärt sich, warum Konflikt und Konfrontation so oft in einem Atemzug genannt werden: Wenn zwei oder mehr Menschen unterschiedliche Interessen verfolgen, dann kann es innerhalb des Konflikts zu einem Zusammenprall kommen, bei dem sich die betreffenden Personen konfrontativ gegenüberstehen. Sie haben also genau genommen nicht nur einen Konflikt miteinander, sondern **gegen**einander. In einem konfrontativ verlaufenden Konflikt versucht jede Partei zur Durchsetzung eigener Interessen die jeweils andere Partei zu besiegen. Die am Konflikt beteiligten Personen sehen sich (vorübergehend?) als Gegner.

Werfen Sie einen Blick in die Kinder-, Jugend- und Erwachsenenfilme eines einzigen Fernsehtages, und Sie werden feststellen, dass es nur eine Möglichkeit zu geben scheint, mit Konflikten umzugehen: Kampf. Konflikthafte Situationen werden als nicht aushaltbar dargestellt und müssen deshalb durch einen Kampf schnell aus der Welt geschafft werden. Die „Lösung" eines Konflikts besteht in der Ermittlung von Recht und Unrecht, gut und böse, Sieger und Besiegtem. In diesen Filmen setzt sich der gute Sieger (meistens) gegen den bösen Verlierer durch.

Konflikt scheint Konfrontation und Gegnerschaft zu bedingen. Konfrontation und Gegnerschaft führen zu Kämpfen. Diese wiederum kosten Kraft und Energie; Kämpfe bergen das Risiko von Verletzungen und Niederlagen. Und Kämpfe distanzieren – aus Partnern werden Gegner.

Die Tiefe der Verankerung dieses Glaubens an Gegnerschaft zeigt sich bereits in Märchen und Mythen und ist daher nur mit einem festen Entschluss zur Bewusstheit im Konflikt zu lösen. Gegnerschaft ist nicht dadurch zu überwinden, dass wir ab heute „das Richtige" tun, sondern nur durch bewusste Akzeptanz der Polaritäten von „gut" und „böse" in uns selbst. Diesem Zweck dient der erste Hauptteil des Buches.

In den folgenden Kapiteln dieses ersten Hauptteils widmen wir uns ausschließlich der Option, Konflikte konfrontativ wahrzunehmen und zu bearbeiten. Dazu werden wir zunächst so etwas wie eine Bestandsaufnahme vornehmen. Wir werden verbale wie nonverbale Muster des **Du oder Ich** durchleuchten. Benutzen Sie diesen Hauptteil des Buches wie einen Spiegel, der es Ihnen erleichtern soll, sich Ihrer eigenen eingeschliffenen Kampfmechanismen bewusster zu werden, die Sie in Konflikten verwenden. Denn erst vor diesem Hintergrund der Selbsterkenntnis wird es möglich sein, aus einer veränderten Perspektive heraus kooperative Sichtweisen, Einstellungen und Strategien im Umgang mit Konflikten zu entwickeln.

2. „Das Leben ist ein Auf und Ab"
Das Modell der Status-Wippe

Zwei Freundinnen treffen sich auf der Straße und plaudern miteinander. Wir geben einen kleinen Ausschnitt ihres Gesprächs wieder:

„Sag' mal, ist das dein Ernst? Willst du wirklich in diesen blöden Film gehen? Hast du die Kritiken etwa nicht gelesen? Der Film ist miserabel."
„Meinst du. Ich weiß nicht."
„Wenn ich es dir sage. Der Film ist grottenschlecht. Da kann man doch nicht reingehen."
„Ja, wenn du meinst."
„Ja logisch. Schau' dir lieber den neuen Streifen von Jonny Depp an. Der ist super."
„Hm, vielleicht hast du Recht."
„Ganz sicher!"

Unterstellen wir einmal, dass die beiden Freundinnen den gleichen **sozialen** Status haben – beide sind sie Studentinnen desselben Fachs. Sie verstehen sich als Partnerinnen. Und doch ist trotz gleichem sozialem Status in der kurzen Unterhaltung über das Kino-Programm ein **kommunikativer** Status-Unterschied sichtbar: Die beratende Freundin erscheint in dem Gespräch dominant – ihre Freundin unter-legen. Die eine redet von oben herab und drückt dadurch ihre momentane Über-legenheit aus, ihre Freundin dagegen wirkt unsicher und zumindest in dieser Situation schwächer.

Vorsicht: Sie werden bemerkt haben, dass wir unter dem Begriff *kommunikativer Status* etwas anderes verstehen als den sozialen Status einer Person. Bei Status denken wir immer an Geld, Beruf oder Ansehen. Und sofort haben wir die entsprechenden Symbole vor Augen, die einen hohen sozialen Status signalisieren: großzügige Villen, Schmuck, teure Autos, kostbare Möbel oder schicke Kleidung. Ein Direktor hat in unserer Gesellschaft einen hohen sozialen Status, dessen Chauffeur einen niedrigen. Doch diese Art von Status meinen wir nicht, wenn wir den Begriff des kommunikativen Status verwenden. Wir beziehen ihn – ungeachtet jeder sozialen Stellung der Personen – ausschließlich auf die konkrete kommunikative Situation: Welche Person ist dominant, wer ordnet sich unter?

Um die Wirkung von Status-Unterschieden in der Kommunikation anschaulich dar-
zustellen, werden wir ein Bild übernehmen, das der Theaterregisseur Keith Johnstone
eingeführt hat, um mit dessen Hilfe seinen Schauspielern das Spielen mit kommunikativen Status-Unterschieden zu erleichtern: **die Status-Wippe.**

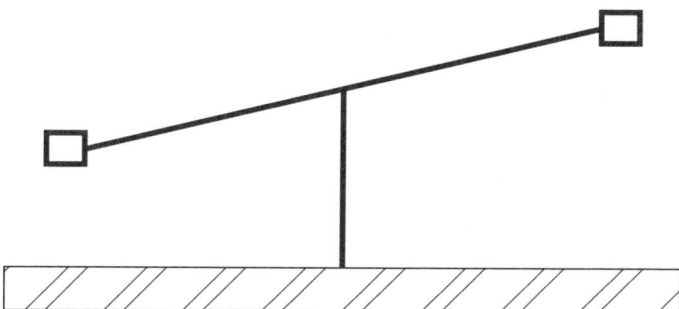

Verläuft eine Kommunikation partnerschaftlich, ist die Wippe ausbalanciert; sie befindet sich in der Horizontalen. Durch kommunikative Status-Handlungen wird sie
bewegt. Die Status-Wippe funktioniert nach einem einfachen Prinzip:

→ Vollzieht eine Person in einer kommunikativen Situation Hoch-Status-Handlungen, weist sie dadurch automatisch der anderen Person einen Tief-Status zu. Sie handelt von oben herab: *„Ich habe mich in das Thema eingearbeitet. Da lass' ich mir von dir
Besserwisser nicht reinreden."*

→ Vollzieht eine Person in einer Kommunikation Tief-Status-Handlungen, weist sie
ihrer Partnerin oder ihrem Partner dadurch einen Hoch-Status zu. Sie handelt unter-
tänig: *„Was soll ich denn machen? Ich hab' da nicht so viel Ahnung wie du. Könntest du
mir nicht helfen?"*

→ Nehmen zwei Personen in einer Kommunikation den gleichen Status ein, handeln
sie partnerschaftlich: *„Du kennst jetzt meinen Vorschlag; wie siehst du die Sache und was
schlägst du vor?"*

**Wie auf einer Wippe bewirkt jede Status-Veränderung auf der einen Seite eine
automatische Status-Veränderung auch auf der gegenüberliegenden Seite. Und
an der Stellung der Wippe lässt sich der Grad des kommunikativen Status-Un-
terschieds ablesen.**

Ein Beispiel: Ein Lehrer diskutiert mit seinem Freund, einem Auto-Mechaniker, über Politik. Die beiden sitzen in einer Kneipe und reden sich die Köpfe heiß. Da sich der Lehrer intensiver mit politischen Themen beschäftigt hat als sein Freund, bekommt er in der Diskussion Ober-wasser. Seine schlag-kräftigen Argumente, die er ins Feld führt, und seine dominante Körpersprache sind Hoch-Status-Handlungen. Der Lehrer übt Druck aus, um seinen Freund zu beein-druck-en. Er möchte, dass der Mechaniker seine Ansichten übernimmt. Der Lehrer möchte seinen Freund über-zeugen. Dieser fühlt sich mit zunehmendem Diskussionsverlauf tatsächlich auch immer unter-legener. Er würde gerne Größe zeigen, sieht sich den stich-haltigen Argumenten seines Freundes jedoch nicht ge-wachsen. Die beiden beenden ihr Gespräch und zahlen. Sie verlassen die Kneipe und steigen in ihre Autos. Doch der Wagen des Lehrers springt nicht an! Lachend steigt der Mechaniker aus seinem Auto aus und hilft seinem Freund, den Wagen wieder flott zu kriegen. Das Lachen und die Reparatur des Wagens sind, wenn man sie unter Hierarchiegesichtspunkten betrachtet, Hoch-Status-Handlungen. Auf dem Parkplatz ist der Mechaniker der Über-legene. Hier hat er Ober-wasser.

Aber genau betrachtet gibt es noch weitere versteckte Status-Handlungen in diesem Beispiel: Das klein-laute Argumentieren des Mechanikers in der Diskussion ist eine Tief-Status-Handlung, ebenso wie die unter-würfige Bitte des Lehrers auf dem Parkplatz an den Mechaniker, ob dieser ihm helfen könne, sein Auto wieder fahrtüchtig zu kriegen.

Stellen wir uns die Beziehung der beiden Freunde zunächst einmal als eine Horizontale vor. Keiner steht formal gesehen über dem anderen. Sie begegnen sich als Gleiche; niemand ist der offizielle Chef des anderen – daher die Horizontale. Doch zwischen den beiden Freunden herrscht offensichtlich eine heimliche oder gar offene Konkurrenz; sie ringen um Dominanzen. Die Status-Wippe ist durch das Konkurrenz-Prinzip und die Frage nach dem Boss ständig aktiviert. Jeder möchte nach oben – in die höhere Position. Jeder möchte sich selbst und auch dem anderen die eigene Überlegenheit demonstrieren. Das gelingt natürlich nur, wenn der jeweils andere nach unten gedrückt werden kann. Die Konkurrenz führt zu ständigen Rivalitäten, verdeckten Sticheleien, offenen Konflikten und Kämpfen: **Du oder Ich.**

Der Lehrer inszeniert eine Diskussion über ein Thema, von dem er weiß, dass er prinzipiell überlegen ist: Politik. Der Mechaniker korrigiert die Wippe zu seinen Gunsten durch Hilfeleistungen auf einem Gebiet, auf dem er Hoch-leistung erbringen kann: der Reparatur eines defekten Autos. Die beiden Freunde befinden sich zwar noch auf formal gleicher Ebene, aber mal hat der eine, mal der andere von beiden Oberwasser. Und natürlich werden sie, um die überlegene Stellung zu halten, das jeweilige Fachgebiet des Konkurrenten abwerten: Für den Lehrer ist die Beschäftigung mit hochgeistigen Dingen wichtiger und er-heben-der als die pure Auto-Mechanik, während der Mechaniker die Lebensuntüchtigkeit des Intellektuellen belächelt.

Aber, so werden Sie jetzt einwenden, der Lehrer wollte sich doch einfach nur über politische Dinge austauschen. Und die Hilfeleistung des Mechanikers diente dem Ziel, seinem Freund zu helfen, statt ihn zu erniedrigen. Das sind doch keine Status-Handlungen, sondern alltägliche Dinge, die aus einem anderen Interesse heraus vorgenommen werden, als Oberwasser zu bekommen.

Stimmt – und stimmt wieder auch nicht. Kann es nicht sein, dass das Konkurrenz-Verhältnis den Lehrer dazu verleitet, bevorzugt die Themengebiete anzusprechen, auf denen er sich überlegen fühlt? Meidet er aufgrund der Rivalität vielleicht auch Diskussionsthemen, von denen er weiß, dass sein Freund mehr Wissen hat? Und wie führt er die Diskussion? Interessiert er sich für die Sichtweise seines Freundes, oder möchte er diesen von der Richtigkeit seines eigenen Standpunkts überzeugen? **Du oder Ich** – wer hat die besseren Argumente und das überlegene Wissen? Verbirgt sich also doch eine Hoch-Status-Absicht hinter der kontroversen Diskussion?

Und der Mechaniker? Er lächelt, als er merkt, dass der Wagen seines Freundes nicht anspringt. Und vermutlich zeigt sein Lächeln Anflüge von Häme. Ginge es ihm ausschließlich um das Wohl des Lehrers, müsste er betrübt dreinschauen und Mitleid äußern. Doch das Missgeschick des Freundes ist dem Mechaniker durchaus eine Genugtuung. Sein Lächeln ist Ausdruck einer Schadenfreude, die seine heimlichen Rachegefühle ob der empfundenen Niederlage in der Diskussion ausdrückt: eine verdeckte Hoch-Status-Handlung. Und sicherlich wird er sich den ein oder anderen Kommentar über die beiden „linken Hände" seines intellektuellen Kumpels nicht verkneifen können ...

Verbirgt sich hinter scheinbar funktionalen Handlungen wie Diskussionen oder Reparaturen der heimliche oder offene Wunsch, besser zu sein als der andere und diesen zu übertreffen, ist das Prinzip der Wippe, das „Du oder Ich", in Kraft gesetzt. Konkurrenz ist die Triebfeder der Wippe.

Die vordergründige Absicht einer Handlung sagt also noch nichts aus über eine mögliche versteckte Hierarchieabsicht. Im Gegenteil: Da wir uns dem Ideal der Partnerschaftlichkeit in unseren Beziehungen verpflichtet fühlen, versuchen wir ständig Gefühle der Konkurrenz vor unseren Mitmenschen zu verbergen. Daraus resultiert der Wunsch, Handlungen, die dem primären Ziel der Hierarchiebildung dienen, zu tarnen als funktionale Handlungen. Bei „normalen Gesprächen" ist es daher tabuisiert auf Status zu achten, damit nicht auffällt wie stark Menschen oft konkurrieren oder sich sogar Steine in den Weg legen.

Wie sehr lenkt und leitet das Konkurrenzprinzip unsere Worte und Handlungen? Wie oft sagen wir Dinge, um uns zu profilieren? Wie oft geben wir Tipps oder Ratschläge, um uns über andere Personen zu erheben? Wie oft geben wir zynische Kommentare ab, um unsere Kommunikationspartner abzuwerten? Wie oft sprechen wir abfällig über nicht anwesende Personen? Wenn wir ehrlich sind, müssen wir uns eingestehen, dass die offene und verdeckte Absicht der Hierarchiebildung einen großen Teil unserer gesamten Kommunikation beeinflusst oder gar bestimmt.

Hinter vielen verbalen und nonverbalen Handlungen, die wir tagtäglich vollführen, steckt das Interesse der Hierarchiebildung – bei Männern wie bei Frauen!

Aber natürlich gibt es auch den umgekehrten Fall: Eine Person vollzieht eine funktionale Handlung, und die dadurch ausgelösten Wippbewegungen und Hierarchiebildungen sind lediglich unbeabsichtigte Begleiterscheinungen: Wenn Sie Ihrer Freundin den von ihr favorisierten Film ausreden wollen, um ihr statt dessen einen Jonny-Depp-Film zu empfehlen, dann geben Sie ihr diesen Tipp nicht mit der Absicht, sie zu erniedrigen. Und dennoch kann auch ein gut gemeinter Ratschlag eine Hoch-Status-Handlung sein: Sie nehmen für sich in Anspruch, im Besitz des überlegenen Wissens zu sein und halten Ihre Freundin für unwissend. Wissen ist bekanntlicherweise Macht! Wer Tipps gibt, der gelangt vorübergehend – und sei es nur für Sekunden – in einen höheren kommunikativen Status. Es gibt übrigens ein wunderschönes Sprichwort für dieses Phänomen: *„Auch Ratschläge sind Schläge."* Schläge zu bekommen ist erniedrigend. Die Status-Wippe ist in Bewegung.

Aber Ihre Freundin kann sich wehren und die Wipp-Position korrigieren: *„Ich gehe trotzdem nicht in den neuen Jonny Depp. Der neue Woody Allen hat nämlich auch gute Kritiken gekriegt. Außerdem mag ich Jonny Depp nicht."* Ihre Freundin hat sich durch die gut gemeinten Ratschläge nicht unterkriegen lassen. Sie behauptet sich.

Eine Status-Handlung muss nicht mit der bewussten oder unbewussten Absicht geschehen, den eigenen oder fremden kommunikativen Status verändern zu wollen. Die Hierarchiebildung kann unbeabsichtigte Begleiterscheinung einer Handlung sein, die primär anderen Zwecken dient.

3. Deckeln und gedeckelt werden
So funktioniert die Wippe

Das Prinzip der Wippe ist genauso einfach wie verblüffend: Wenn auf irgendeiner Seite die Position der Wippe verändert wird, verändert sich automatisch auch die gegenüberliegende Position. Je höher mein kommunikativer Status im Vergleich zu einer anderen Person ist, desto niedriger ist relativ der ihre. Und umgekehrt.

Wenn ich meinen Partner niedermache, so glaube ich selbst, stark und überlegen zu sein. Wenn er mich runterputzt, fühle ich mich klein und untergebuttert.

Welche Möglichkeiten gibt es also, durch Status-Handlungen die Wippe zu betätigen? Wir werden Ihnen vier Optionen nennen. Die ersten beiden nennen wir Hoch-Status-Handlungen, denn sie dienen dem Zweck, den eigenen Status zu heben. Die Optionen drei und vier sind Tief-Status-Handlungen. Sie sollen den eigenen Status senken.

I. Hoch-Status-Handlungen

1. Selbsterhöhung

Ich kann die Kraft an der eigenen Seite der Wippe ansetzen und durch eine Status-Handlung mich selbst hochdrücken. Nach dem Prinzip der Wippe senkt sich dadurch automatisch die gegenüberliegende Status-Position.

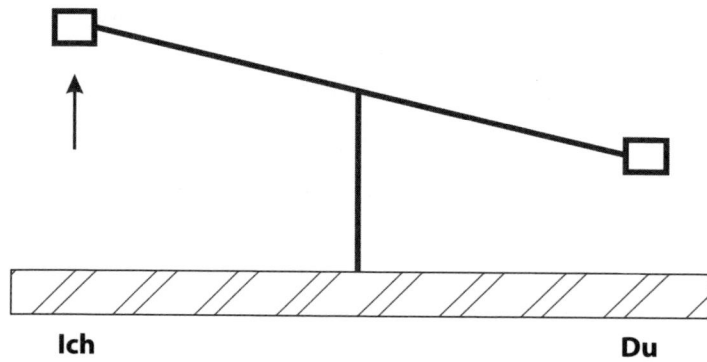

Ich   **Du**

Eine Lehrerin übernimmt von ihrer jungen und noch unerfahrenen Kollegin eine Klasse und gibt dieser nach einigen Wochen Unterricht folgende Rückmeldung: *„Also, seit ich diese schwierige Klasse von dir übernommen habe, verehrte Kollegin, gibt es keinerlei Probleme mehr. Mein Unterricht verläuft reibungslos. Selbst die auffälligen Schüler beteiligen sich bei mir aktiv am Unterricht. Und der Notendurchschnitt ist stark angestiegen. "* (**Hoch-Status durch Selbsterhöhung**)

Durch die Status-Handlungen der Prahlerei und Selbstdarstellung hebt die erfahrenere Lehrerin ihre Position auf der Status-Wippe deutlich an. Durch diese Maßnahme der **Selbsterhöhung** verändert sich nicht nur ihr eigener Status innerhalb dieser kommunikativen Situation: Die junge Lehrerin, die die Klasse an ihre Kollegin übergeben hat, spürt, wie sie förmlich im Boden versinkt. Sie fühlt sich erniedrigt und herabgestuft – und das, obwohl die Kollegin nicht ein direktes negatives Wort über sie geäußert hat.

Auch die Körpersprache bietet zahlreiche Möglichkeiten der Status-Hebung. Mit welcher Haltung wird die Lehrerin diesen Zwischenbericht über ihren glänzenden Unterricht wohl abgegeben haben? Vermutlich hat sie mit fester Stimme gesprochen, sie wird eine aufrechte Haltung eingenommen und die Hände in die Hüften gestützt haben. Mit anderen Worten: Die Lehrerin macht sich nicht nur verbal größer, um ihre Kommunikations-Partnerin zu beeindrucken, sondern auch ihre Körpersprache folgt den Gesetzen der Selbsterhöhung: aufblasen und breit machen.

2. Fremdherabstufung

Ich kann durch eine Status-Handlung die Kraft an der gegenüberliegenden Seite der Wippe ansetzen und den Kommunikations-Partner herunterdrücken. Dadurch hebt sich automatisch die eigene Position.

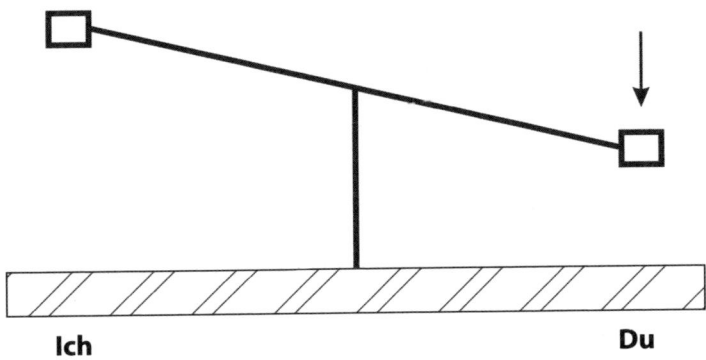

Ein erfahrener Kollege sagt zu seiner neuen Mitarbeiterin: „*Ich habe von dir ja einige Akten durchgesehen. Also, so geht das nicht! Da waren Fehler über Fehler drin. Ich meine, ich bin schließlich für deinen Mist mitverantwortlich. Schließlich sind das unsere gemeinsamen Fälle. So kannst du die Akten doch unmöglich abgeben. Entweder du strengst dich mal ein bisschen mehr an und machst endlich mal dein Radio-Gedudel während der Arbeit aus, oder ich muss mir andere Maßnahmen überlegen. Deine Schlampereien bügel ich nicht mehr aus. Punkt!*"* (**Hoch-Status durch Fremdherabstufung**)

Wenn eine Person ihren Kommunikationspartner runterputzt und erniedrigt, steigt die Wippe auf der eigenen Seite automatisch in die Höhe. Der verletzende Kollege hat zwar direkt nichts über seine eigenen überlegenen beruflichen Fähigkeiten gesagt, und doch tönt die Selbsterhöhung durch die praktizierte Fremdherabstufung durch: „*Ich kann das alles viel besser als du!*" – so lautet die versteckte Botschaft der Aussagen des erfahrenen Mitarbeiters über die vermeintlich schlechte Arbeit seiner jungen Kollegin.

Fremdherabstufungen dienen der eigenen Status-Hebung. Die Schwächung Anderer soll der eigenen Stärkung dienen – deren Verletzung der eigenen Heilung!

Dem anderen das Wort abzuschneiden stellt ebenso einen Akt der Fremdherabstufung dar wie Mobbing, Liebesentzug, ein Schupser, ein Faustschlag oder Messerstich. Und verbale Methoden der Fremdherabstufung sind Beleidigung, Zurechtweisung, Kritik, Zynismus oder auch Ironie. Der Kommunikationspartner soll verletzt werden – mit den unterschiedlichsten Waffen.

Auch unsere Körpersprache ist durchsetzt mit erniedrigenden und verletzenden Signalen: der „Stinkefinger", der Finger, der an die eigene Stirn tippt, der durchbohrende Blick, die wegwerfende Handbewegung, der ausgestreckte Zeigefinger, die verdrehten Augen, das verächtliche Lachen, die Unterschreitung von Distanzen, das ungebetene Eindringen in fremde Zimmer oder die Berührung anderer usw. Alle diese verletzenden Körperausdrücke erfüllen zwei Funktionen: Der Status des Kommunikationspartners soll gesenkt und die eigene Position erhöht werden.

Zusammenfassung:

→ Die Selbsterhöhung dient dem Zweck eigener Status-Hebung und setzt den Druck direkt am eigenen kommunikativen Status an. Die andere Person soll beeindruckt werden: *„Sieh' meine Größe und Überlegenheit. Handel so, wie ich es von dir möchte"*, so lautet in Konflikten die heimliche Botschaft der Selbsterhöhung.

→ Die Fremdherabstufung, die ebenfalls der eigenen Status-Hebung dient, setzt dagegen die Kraft am fremden Status an. Die andere Person soll nicht nur indirekt beeindruckt, sondern durch Verletzungen geschwächt werden. *„Sieh' die Verletzungen, die ich dir zufügen kann. Du bist zu schwach, ich bin zu stark. Handele besser so, wie ich es von dir möchte, dann kommst du ohne weitere Verletzungen davon"*, so tönt es in Konflikten als versteckte Botschaft aus der Fremdherabstufung.

II. Tief-Status-Handlungen

3. Selbstherabstufung

Ich kann aber auch meine eigene Seite der Wippe nach unten drücken. Dadurch hebt sich automatisch die gegenüberliegende Position.

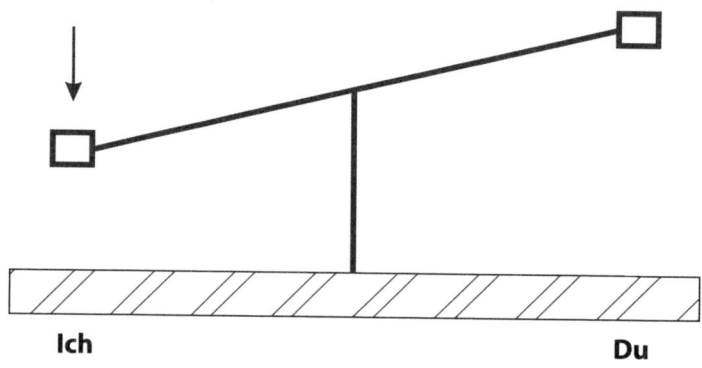

Ich   Du

Ein Mitarbeiter sagt zu einem Teamkollegen: *„Ach Mensch, Sven. Bei mir ist zurzeit Chaos. Meine Frau ist im Krankenhaus und ich bin allein mit den Kindern. Ich kann dir sagen: Neben dem Job den kompletten Haushalt inklusive Kindererziehung zu schmeißen, ist wahnsinnig viel. Ich kriege nichts mehr hin. Die Akten, die ich mir mit nach Hause genommen habe, um sie zu überarbeiten, liegen immer noch auf dem Tisch. Sag mal, könntest du ausnahmsweise ein paar von den Akten übernehmen? Ich schaff' es einfach nicht in den nächsten Tagen.“* **(Tief-Status durch Selbstherabstufung)**

Was der Mitarbeiter gegenüber seinem Teamkollegen praktiziert, ist Status-Senkung mittels Selbstherabstufung. Er macht sich klein und bringt den Kollegen dadurch in eine relativ hohe Status-Position. Warum aber praktiziert er diese Selbstherabstufung?

Auch aus niedrigen Status-Positionen lassen sich Vorteile ziehen.

Der Mitarbeiter erhofft sich Hilfe von seinem Kollegen. Die Wahrscheinlichkeit, dass er diese auch tatsächlich bekommt, wächst mit jedem Zentimeter der Selbstherabstufung. Denn es fällt uns leichter, andere Personen zu unterstützen, wenn sie unter uns stehen. Denken Sie nur an einen Bettler: Je tiefer sein Status, desto größeres Mitleid erregt er. Ist Ihnen schon einmal aufgefallen, dass die meisten Bettler auf dem Boden kauern und sich dadurch unter uns positionieren? Und was passiert, wenn wir angesichts eines Bettlers ein schlechtes Gewissen bekommen? Wir fühlen uns in unserer überlegenen Position unwohl und kaufen uns frei: Wir geben etwas von uns ab, um die bemitleidenswerte Person zu unterstützen. Mit jedem Euro, den wir spenden, korrgieren wir die Wippe zugunsten des eigenen Wohlbefindens. Hinter scheinbarer Selbstlosigkeit verbirgt sich allzu oft Egoismus.

Und natürlich gibt es neben den verbalen auch zahlreiche körpersprachliche Möglichkeiten der Selbstherabstufung: gebückte Haltung, flüchtendes Blickverhalten, „Dackelblick", piepsige Stimme, flache Atmung, nervöse und fahrige Bewegungen, gesenkter Kopf usw.

4. Fremderhöhung

Ich kann die Kraft auf der Gegenseite der Wippe ansetzen und den Kommunikationspartner in die Luft heben. Dadurch senkt sich indirekt meine eigene Position.

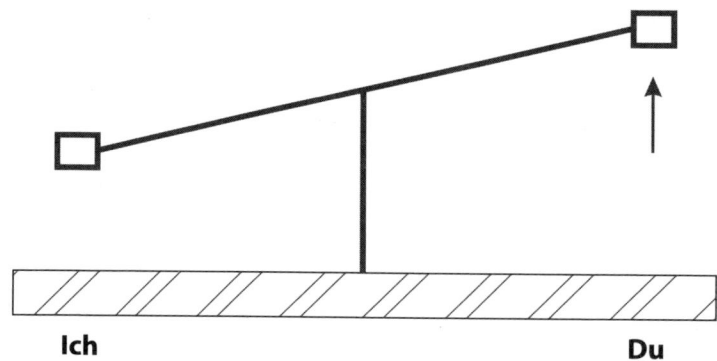

Ein Mädchen sagt zu ihrer Freundin: *„Mensch, Anika, du kriegst die Hausaufgaben immer so schnell und gut hin. Kannst du mich morgen vor der Stunde eben abschreiben lassen?"* **(Tief-Status durch Fremderhöhung)**

Wenn ein Dialogpartner in einer kommunikativen Situation Fremderhöhung praktiziert, so nimmt er nach dem Gesetz der Wippe dadurch selbst eine niedrige Status-Position ein. Nach erfolgter Fremderhöhung wächst die Chance, dass sich der gebauchpinselte Kommunikationspartner gemäß der eigenen Interessen verhält.

Zusammenfassung:

→ **Durch Selbstherabstufung wird der eigene kommunikative Status gesenkt.** *„Sieh' nur, wie klein ich bin. Beiß mich nicht. Ich erkenne deine überlegene Größe an. Du kannst mir helfen, ohne dass ich dir über den Kopf wachsen kann"*, **so lautet die heimliche Botschaft der Selbstherabstufung.**

→ **Die Fremderhöhung, die ebenfalls den eigenen Status senken soll, setzt die Kraft am fremden Status ein:** *„Toll, wie groß du bist. Im Vergleich zu dir bin ich klein. Du kannst mir also ruhig etwas von deiner Größe abgeben, ohne dass ich dir über den Kopf wachsen kann"*, **so tönt es als heimliche Botschaft durch die Fremderhöhung hindurch.**

Diese strikte und rigide Unterteilung in die vier Gesetze der Status-Veränderung (Selbsterhöhung, Fremdherabstufung, Selbstherabstufung, Fremderhöhung) ist natürlich rein analytisch zu verstehen. In der Realität gibt es verschiedene Kombinationsmöglichkeiten:

→ Ich kann mit lauter Stimme und raumgreifender Körpersprache Selbsterhöhung praktizieren und gleichzeitig mittels Beleidigungen Fremdherabsetzungen durchführen.

→ Ich kann auf der verbalen Ebene Fremderhöhung praktizieren: *„Ich finde das unheimlich toll, wie du mit dem Chef umgehst. Du findest immer den richtigen Ton."* Wenn ich diese Sätze mit seufzender Stimme und Leidensmiene vortrage, befinde ich mich körpersprachlich in der Selbstherabstufung. *„Ich kann das nicht"* – so lautet die parallel gesendete nonverbale Botschaft.

→ Ich kann mich auf der verbalen Ebene für mein Verhalten entschuldigen: *„ Tut mir Leid. (*Selbstherabstufung*) Du hast ja Recht. "* (Fremderhöhung) Wenn ich diese Worte jedoch mit aufrechter Haltung, erhobenem Kopf und aggressiver Stimme vorbringe, so unterlaufe ich deren Tief-Status-Wirkung durch körpersprachlichen Hoch-Status. *„Sieh nur, wie groß ich bin. Ich entschuldige mich zwar, sehe aber eigentlich meine Schuld gar nicht ein. Du kriegst mich nicht klein",* so lautet die versteckte Botschaft der nonverbalen Hoch-Status-Signale. Mein Gegenüber wird diese Art von Entschuldigung nicht annehmen.

→ Ein Lehrer fordert einen Schüler auf dem Schulhof auf, die Zigarette auszumachen: „Zigarette aus – sofort!" Der Schüler widersetzt sich trotzig dem Lehrer: *„Ich bin volljährig. Sie haben mir gar nichts zu sagen!"* Zeigt der Lehrer im weiteren Konfliktverlauf körpersprachliche Anzeichen von Unsicherheit, dann kann es sein, dass der Schüler dahinter die mangelnde Durchsetzungsfähigkeit des Pädagogen entdeckt und seine Zigarette genüsslich zu Ende raucht. Die Anordnung des Lehrers geschah zwar im Hoch-Status, doch körpersprachlich befand er sich im Tief-Status.

Befinden sich nonverbaler und verbaler kommunikativer Status im Einklang, so senden wir kongruente Botschaften. Wir wirken authentisch. Widerspricht der körpersprachliche Status dem verbalen, so senden wir widersprüchliche Botschaften. Unser Kommunikationspartner wird eher dem nonverbalen Ausdruck glauben.

4. „Wie du mir, so ich dir!"
Der Angriff im Konflikt

Von der Status-Wippe mit ihren vier Möglichkeiten, sie in Bewegung zu versetzen, ist es nur noch ein kleiner Schritt in Richtung Konflikt: Selbsterhöhung und Fremdherabstufung verdichten sich in einem Streit zu Angriff und Täterschaft.

Ein kleines Beispiel soll das belegen:
Mareike: *„Sag' mal, spinnst du? Schau dir mal das Bad an. Deine blöden Haare fliegen überall rum und die Zahnpastatube hast du auch nicht zugemacht.* **(Fremdherabstufungen)** *Ich habe das Bad gestern noch blitzblank geputzt."* **(Selbsterhöhung)**

Astrid: *„Spar dir deinen dämlichen Lehrer-Ton! Den kannst du mit deinen Schülern machen, aber nicht mit mir. Und außerdem schau dir mal die Küche an, die du hinterlassen hast. Die sieht aus wie ein Saustall.* **(Fremdherabstufungen)** *Die habe ich gestern erst geputzt."* **(Selbsterhöhung)**

Mareike: *„Das nennst du putzen. Die war doch nicht sauber! Einmal mit dem Lappen drüber ist kein Putzen. Außerdem hat das mit dem Bad nichts zu tun. Nun weich' mal nicht gleich wieder aus."* **(Fremdherabstufungen)**

Beide Frauen verwenden in dem Konflikt die Strategie des Angriffs. Indem sie sich wechselseitig verletzen, gehen sie tätlich gegeneinander vor. Aber eine Täterschaft ist negativ besetzt in unserer Kultur; sie bedarf einer Legitimierung. Und da es nur eine legitime Form von Täterschaft gibt, nämlich die angreifende Verteidigung, inszenieren sich beide Täterinnen zu wechselseitigen Opfern:

Mareike wird sagen: *„Astrid hat Schuld. Schließlich hat sie ihre Haare überall im Bad verteilt und anschließend nicht weggewischt. Und die Zahnpastatube hat sie auch nicht verschlossen. Sie ist die Täterin. Sie hat angefangen. Ich bin Opfer ihrer missachtenden Schlampigkeit. Ich habe mich lediglich gewehrt."*

Astrid wird kontern: *„Moment mal. Da liegt überhaupt nicht das Problem. Wenn Mareike mich nicht in dem Ton angepinkelt hätte, hätte ich auch nichts gesagt. Aber die hat im-*

mer diesen Befehlston drauf. Und schließlich hat sie die Küche verdreckt – und die zu put-
zen erfordert mehr Arbeit. Ich bin Opfer ihrer Arroganz und Selbstgefälligkeit und habe
mich lediglich gewehrt."

Jeder Angriff in einem Konflikt wird legitimiert mit der Opferrolle. Jede Täter-
schaft erfolgt aus dem subjektiven Gefühl einer Opferhaltung heraus und wird
gerechtfertigt mit den vorausgegangenen Tätlichkeiten des Konfliktgegners.

Wann immer wir innerlich ein Urteil über eine Person fällen (arrogant, unzuverlässig,
rücksichtslos), wird auf der Grundlage dieses Urteils Energie für Hoch- oder Tiefsta-
tusstrategien mobilisiert. Wir machen uns zu Opfern unserer eigenen Urteile.

Eine Verspätung des Freundes wird als Missachtung empfunden und rechtfertigt die
eigene verbale Attacke. Ein „Volk ohne Raum" mobilisierte während des Nationalsozialismus die Wehr-macht gegen die Unter-menschen. Die „zivilisierte Welt" kämpft
nach dem 11. September gegen „die Achse des Bösen", die sich ihrerseits gegen den
imperialistischen Westen zur Wehr setzt.

Jeder eigene Angriff – ob im Privaten, in der Berufswelt oder der Weltpolitik – wird
von den Akteuren stets als Gegenangriff gesehen. Jeder Täter wähnt sich als Opfer des
Gegners und nimmt für sich das eherne Recht der Selbstverteidigung in Anspruch:
„Angriff ist die beste Verteidigung."

Und oft geht die Rechtfertigung der eigenen Täterschaft noch einen Schritt weiter: Eigene Angriffe können nicht nur mit bereits **erfolgten**, sondern auch mit zu **erwarten-**
den feindlichen Angriffen legitimiert werden. In der Politik heißt das dann „präventiv
angreifende Verteidigung": Da man ja weiß, dass der Gegner (z.B. Saddam Hussein)
prinzipiell böse ist und beabsichtigt, einen Angriff zu führen, muss man ihm mit einer
präventiv angreifenden Verteidigung („Präventivschlag") zuvorkommen. Der eigene
Erstschlag wird als Verteidigung und damit Gegenangriff gerechtfertigt.

Und auch der gewaltbereite männliche Jugendliche fühlt, denkt und argumentiert im
Rahmen einer präventiv angreifenden Verteidigung, wenn er geltend macht: *„Der Typ*
wollte mir was, so wie der mich angeglotzt hat. Wenn ich ihm nicht mit einem Schlag zu-
vorgekommen wäre, läge ich jetzt unten. Der hat angefangen."

Opferschaft, wohin man schaut. Schlüpft einer in die Täterrolle und teilt in einem
Konflikt aus, dann nur deshalb, weil der „böse" Andere angefangen hat – oder gerade
anfangen wollte. *„Man wird sich doch wohl noch wehren dürfen!"*

Rechtfertigung im Konflikt bedeutet, dass so lange Recht gefertigt wird, bis man
selbst im Recht ist – nämlich in der Opferrolle, die den Gegenangriff sanktioniert.

Kehren wir zurück zum alltäglichen Kampf und Kleinkrieg um die Haare im Bad. Mareike fühlt sich durch Astrids Rücksichtslosigkeit verletzt und sieht sich im Recht, ihre Freundin zu attackieren. Sie wird laut, plustert sich auf und droht. Sie will imponieren und ihre Wohngenossin Astrid von Gegenangriffen abschrecken. *„Sieh meine Überlegenheit und kapituliere. Du hast keine Chance",* so lautet die heimliche Botschaft ihrer beein-druck-enden Selbsterhöhungen. Und um den Druck zu erhöhen, wird Astrid zusätzlich verletzt: Die heimliche Botschaft ihrer Herabstufungen lautet: *„Schau mal, wie stark ich bin. Ich kann dich mühelos verletzen. Du bist mir nicht gewachsen. Gib direkt klein bei und ergib dich, sonst folgen weitere Verletzungen."* Die Angreiferin beschränkt sich also nicht auf die Möglichkeiten der Selbsterhöhung, um die Freundin zu beeindrucken, sondern intensiviert den Druck durch verletzende Angriffe. Mareike will nicht kämpfen, sondern kampflos siegen. Sie versucht, durch Selbsterhöhungen und Fremdherabstufungen einen so massiven Druck zu erzeugen, dass Astrid Angst bekommt und aufgibt, ohne einen Kampf überhaupt erst aufzunehmen. Diese Strategie ist ein Relikt unserer anthropologischen Vergangenheit. Auch Tiere minimieren mit ihrer Hilfe das Risiko eigener Verletzungen bei dem Auskämpfen von Rangordnungen.

Der Angriff bezweckt nicht den Kampf, sondern den kampflosen Sieg.

Aber die Strategie des Angriffs mit dem Ziel der kampflosen Kapitulation des Gegners geht selten auf. Der Kontrahent wehrt sich mit einem Gegenangriff, der das gleiche strategische Ziel verfolgt – den Sieg! *Und* wenn ein Angriff, der ja immer als Gegenangriff gerechtfertigt wird, auf einen Gegenangriff trifft, dann tritt genau das ein, was beide Kontrahenten eigentlich vermeiden wollten – Kampf und damit die Möglichkeit physischer oder psychischer Verletzung. *Und* wenn niemand klein beigibt, sind Eskalationen in dem Konflikt unvermeidlich.

Auch weltpolitisch sind derartige Eskalationen in dem Krieg zwischen Israel und Palästina zu beobachten: Vergeltung der Vergeltung der Vergeltung der Vergeltung ... So manchen Leserinnen und Lesern stockt bei der Analogiebildung der Atem: Wie kann man einen Streit um die Haare im Bad mit weltpolitischen Konflikten vergleichen? Man kann, wenn man sich auf die Betrachtung der Strategien und deren Rechtfertigung beschränkt. Wir haben nichts über die Wahl der Waffen gesagt, mit denen in den jeweiligen Konflikten oder Kriegen der Gegner verletzt wird. Selbstverständlich sind wir nicht so naiv, eine Beleidigung in einem Beziehungsstreit mit einer Rakete in einem bewaffneten Konflikt gleichsetzen zu wollen. Wir analysieren lediglich die Muster und Strukturen, die sich hinter den Konflikt-Strategien verbergen. Und dort entdecken wir in den kleinen und großen Kriegen viele Gemeinsamkeiten: Opferhaltungen, Drohgebärden, Verletzungen und Eskalationen. Und bei genauerer Betrachtung wird noch ein weiteres identisches Muster in den kleinen und großen Kriegen sichtbar: Im Laufe der Konfliktaustragung finden Motivverschiebungen statt. So wie im Nahen Osten jeder weitere Anschlag oder Militärschlag nur noch mit den Motiven der Vergeltung, der Gerechtigkeit und der Ehre gerechtfertigt wird, so verlagert sich auch der oben beschriebene Streit um die Haare im Bad hin zu grundsätzlichen Fragen von Ordnung, Sauberkeit und Prinzip.

Was die Frage der verwendeten Waffen anbelangt: **Strategisch** betrachtet verfolgen schlagkräftige Argumente, Beleidigungen, bohrende Blicke, Schupser, Faustschläge, Messerstiche, Schüsse und auch Raketen das gleiche Ziel – der Gegner soll durch gezielte Verletzungen geschwächt und zur Aufgabe bewegt werden. Und auch scheinbar subtile Waffen wie Liebesentzug und Mobbing sind Mittel der Fremdherabstufung, mit denen das jeweilige Gegenüber verletzt und gefügig gemacht werden soll. Nach der Kapitulation kann der siegreiche Kontrahent dem Verlierer die Friedensbedingungen diktieren und dadurch seine Interessen auf Kosten des anderen durchsetzen.

Und **strategisch** macht es auch keinen Unterschied, ob eine Konfliktpartei ihren Kontrahenten mit einer lauten Stimme, einer aufrechten Haltung und breiten Schultern, mit einem Messer oder einer Truppenparade bedroht – all diese Selbsterhöhungen verfolgen das Ziel der Abschreckung durch Darstellung eigener Überlegenheit.

Eine Strategie steht stets in Diensten eines Interesses. Sie ist Mittel zum Zweck. Der Zweck eines Angriffs ist die Durchsetzung eigener Interessen auf der Basis des Sieges über den Gegner.

„Ist der Gegner erst einmal besiegt, hat er keine andere Wahl: Er muss sich so verhalten, wie ich es ihm vorschreibe." So lautet das hinter der Hoch-Status-Strategie verborgene Konflikt-Interesse. Ob dieses Interesse darin besteht, dass der Kontrahent das Bad putzt oder die Exportpreise für Rohöl senkt, hängt von der Bedürfnislage des Angreifers ab. Entscheidend ist, dass Interessen, die auf der Basis eines Sieges durchgesetzt werden, stets auf Kosten des Verlierers gehen.

Zusammenfassend lassen sich über das Wesen konfrontativ geführter Konflikte folgende Schlussfolgerungen ziehen:
1. Jeder der beiden Kontrahenten sieht sich als Opfer eines gegnerischen Angriffs. Der eigene Angriff wird als angreifende Verteidigung legitimiert.
2. Der Angriff will keinen Kampf, sondern kampflose Unterwerfung. Um Widerstand (und damit Kampf) zu vermeiden, wird frühzeitig massives Drohpotenzial eingesetzt und werden unmittelbar schwere Verletzungen zugefügt.
3. Ein Kampf beginnt nicht mit dem Angriff, sondern der angreifenden Verteidigung der angegriffenen Person. Wenn diese sich nicht unterwerfen will, sondern sich angreifend verteidigt, wollen beide nur noch eins: den Sieg.
4. „Ich oder Du" ist die Devise des Kampfes – ein Null-Summen-Spiel: Was der eine verliert, gewinnt der andere.

5. Kampf führt zu Eskalationen der eingesetzten Mittel.
6. Der Kampf produziert Feinde.
7. Im Laufe der Eskalation finden Motivverschiebungen statt: Es geht um Vergeltung, Gerechtigkeit, Ehre, Gesichtswahrung, Autorität und das Prinzip.
8. Die Motivverschiebung kann so weit gehen, dass die Gegner ihr kooperatives Interesse vollständig vergessen und sich wechselseitig nur noch verletzen oder gar zerstören wollen.

Zum Abschluss dieses Abschnittes möchten wir die versteckte Botschaft der Hoch-Status-Strategie noch einmal mit ganz einfachen Worten beschreiben:

„Kontrahent! Du bist schuld an dem Konflikt, weil du falsch handelst. Deshalb habe ich das Recht, mich zu wehren. An meinen Drohgebärden siehst du meine Entschlossenheit und Kraft. Ich hoffe, du bekommst Angst und diese Angst hält dich davon ab, den Kampf mit mir aufzunehmen. Kapituliere! Da ich aber weiß, dass Drohen alleine nicht ausreicht, verletze ich dich. Die Verletzungen sollen dich schwächen und dir zusätzlich vor Augen führen, dass du gegen mich keine Chance hast. Unterwerfe dich kampflos. Akzeptiere meine Bedingungen. Handle jetzt und künftig gemäß meiner Interessen, dann ersparst du dir größeres Leid!"

5. „Wer sich erhöht ..."
Innere und äußere Wippe

Wenn wir in einem Konflikt mit einem drohenden und verletzenden Gegner konfrontiert sind, dann nehmen wir zunächst dessen vermeintliche Stärke wahr. Die aufrechte Haltung, die laute und schneidende Stimme, der hochgereckte Kopf, die ausladende und grenzüberschreitende Gestik und die angespannten Muskeln – all diese körpersprachlichen Signale scheinen von Kraft und Angstlosigkeit zu zeugen. Und dennoch: Wenn wir genauer hinschauen, dann entdecken wir, dass sich hinter jeder inszenierten Stärke immer auch deren Gegenteil verbirgt – Schwäche.

Es ist die Angst, die eine Person in einem Konflikt zur Darstellung eigener Stärke und zur Verletzung des Gegners verleitet.

Wenn Sie bezüglich dieser Aussage skeptisch sind, dann beobachten Sie sich einfach nur selbst: Wann werden Sie in einem Konflikt laut und ausfallend? Wann verlieren Sie die Kontrolle und geraten außer sich? Wann hauen Sie mit der Faust auf den Tisch oder schlagen wutentbrannt die Türe zu? Wann gehen Sie auf 180? Immer dann, wenn Sie in einem Konflikt mit dem Rücken zur Wand stehen! Wer aber mit dem Rücken zur Wand steht, der hat Angst vom Gegner erdrückt zu werden und steigert die Energie, um sich zu befreien.

Je mehr Aggressionen in einem Konflikt gezeigt werden, desto größer die dahinter verborgene Angst. Je mehr Geschütze ins Feld geführt werden, desto größer die Angst vor der Stärke des Gegners und der eigenen Schwäche.

Wenn wir diese Aussage über den Zusammenhang von nach außen gezeigter Stärke und innerer Schwäche genauer betrachten, dann entdecken wir ein ganz erstaunliches Phänomen: Neben einer äußeren Wippe, die auf der Ebene der Kommunikation existiert, gibt es eine Wippe, die in unserem Inneren genau umgekehrte Bewegungen vollführt: Je größer wir uns in einem Konfliktfall machen, desto tiefer senkt sich der Status in unserem Inneren ab.

Jede stärker wir uns aufblasen, desto deutlicher spüren wir, dass uns gerade die Luft ausgeht. In Wahrheit fühlen wir uns also im aufgeblasenen Zustand weder groß noch stark, sondern klein, abhängig und ängstlich. Wir befinden uns in einer Opferhaltung.

Im Volksmund gibt es einen treffenden Spruch, der diese Dynamik der inneren Wippe auf den Punkt bringt: *„Wer angibt, hat's nötig. "* Nur das, was als niedrig erachtet wird, muss erhöht werden.

Eine analoge Aussage können wir natürlich auch über die Fremdherabstufung machen: Wir wollen unseren Konfliktpartner herunterdrücken, um uns über diesen Umweg zu erhöhen. Wir haben Angst vor der Größe unseres Gegenübers, weil wir uns vergleichsweise klein fühlen. Und schon gilt wieder der Satz: Nur das, was als klein erachtet wird, muss erhöht werden. Hinter der Fremdherabstufung verbergen sich Angst und Schwäche.

Psychologen haben diesen Zusammenhang von innerer und äußerer Wippe, von Sich-klein-Fühlen und Aufblasen, von gefühlter Schwäche und geäußerter Stärke, immer wieder untersucht. Sie kommen durchgehend zu folgenden Erkenntnissen: Menschen mit einem unterentwickelten Selbwertgefühl fühlen sich klein und schwach. Ein unterentwickeltes oder zerstörtes Selbstwertgefühl verursacht ständige Angst. Mühevoll wird versucht, die empfundene Wertlosigkeit vor sich und anderen zu verbergen. **Eine** Möglichkeit, mit dieser Angst vor der eigenen Wertlosigkeit umzugehen, ist die permanente Darstellung von Stärke. Hinter einer aufgeblasenen Fassade von **Selbstbewusstsein** soll das unterentwickelte oder zerstörte **Selbstwertgefühl** versteckt werden. Zusätzlich soll durch die Entwertung (= Verletzung) anderer das eigene als schwach empfundene Selbstwertgefühl aufgebaut werden.

Der Aggressionsforscher Badura hat es sinngemäß einmal so formuliert: Für einen Täter fungiert die Entwertung eines Opfers als Tankstelle für das eigene unterentwickelte Selbstwertgefühl. Doch da der eigene Tank leck und schnell wieder leer ist, muss das unterentwickelte Selbstwertgefühl erneut aufgetankt werden: Weitere Opfer werden gesucht, um sich durch deren Entwertung scheinbar neu aufwerten zu können ...

Angst vor der eigenen Schwäche ist der Motor permanenter Selbsterhöhungen und Fremdherabstufungen! Die Schwächung anderer Personen soll der eigenen Stärkung dienen, deren Verletzung der eigenen Heilung und deren Entwertung der eigenen Aufwertung.

Jedes Aufblasen ist ein Ringen nach Luft, jedes Verletzen anderer ein Stich ins eigene Herz und jede Entwertung eines Kommunikations-Partners eine Dokumentation der eigenen Schwäche.

6. „Wann ist der Mann ein Mann?"
Kampf und Männlichkeit

Schauen Sie sich die Abenteuer-, Zeichentrick- oder Action-Filme im Fernsehen und Kino an – das darin vorherrschende Modell der Konflikt-Lösung ist das Gewinner-Verlierer-Prinzip. Spannung und Action werden stets so inszeniert, dass starke, angstfreie und gewaltbereite Männer gegen ihresgleichen kämpfen und dabei konfrontative Konflikt-Strategien verwenden. Kämpfe werden als alleinige Möglichkeit der Konfliktaustragung dargestellt und den Zuschauern damit indirekt zur Nachahmung empfohlen. Die vorherrschenden Muster, wie wir in unserer Gesellschaft mit Konflikten umgehen (**Du oder Ich**), werden von uns unbewusst gelernt und übernommen.

Die Notwendigkeit, sich notfalls mit einem Gegenangriff gegen Angriffe anderer Männer zu verteidigen, gehört zum Leitbild fossiler Männlichkeit: *„Man muss sich notfalls auch mit Gewalt gegen Angriffe wehren"* und: *„Angriff ist die beste Verteidigung"* sind die unhinterfragten Leitsätze dieser Art von Männlichkeit. Die Auslegung dessen, was als Angriff und damit als Notfall angesehen wird, ist dabei höchst subjektiv und wird durch Realitätsverzerrungen von den betreffenden Männern sehr großzügig und weitläufig ausgelegt. Und ob das Verhalten einer anderen Person als Angriff gegen die eigene Persönlichkeit empfunden wird, hängt nicht zuletzt vom eigenen Selbstwertgefühl ab.

Je unterentwickelter das Selbstwertgefühl, desto stärker die Neigung, Handlungen anderer Menschen als gegen sich gerichtet zu interpretieren.

Wer sich als Mann gegen Angriffe von außen nicht kämpferisch zu verteidigen weiß, gilt als Feigling, als Memme, als Schlappschwanz, Weichei, Warmduscher oder Schwuchtel. Zu eng verknüpft ist in unserer Gesellschaft noch immer das Bild des Mannes mit Fähigkeiten und Eigenschaften wie Stärke, Härte, Risikobereitschaft, Angstlosigkeit und Durchsetzungsfähigkeit, als dass ein Mann im Falle eines empfundenen oder tatsächlichen Angriffs darauf verzichten könnte, sich zu wehren – es sei denn um den Preis seiner Männlichkeit. Die angreifende Verteidigung und daraus abgeleitete Gewalttätigkeiten in Konflikten besitzen eine nahezu uneingeschränkte Akzeptanz nicht nur unter Männern.

Auch Mädchen und Frauen erwarten von ihren Freunden, Männern, Söhnen oder Vätern „im Notfall" die gewaltsame Verteidigung. Das traditionelle Bild des Mannes als Beschützer ist nicht nur in männlichen Köpfen tief verwurzelt.

Wir fragen weiter: *„Wann ist der Mann ein Mann?"*, und was zeichnet ihn aus, den richtigen Mann? Kampfgeist! Der Mann kämpft selbst dann noch, wenn der Kampf verloren zu sein scheint. Weglaufen oder aufgeben ist feige und somit unmännlich.

Der Mann darf einen Kampf verlieren – aber er muss ihn aufnehmen und bis zum bitteren Ende durchstehen. Der Kampf ist untrennbar verbunden mit traditionellen (?) Vorstellungen von Männlichkeit. Kämpfen zu können ist identitätsstiftendes Merkmal dieser Art von Männlichkeit. Denn im Kampf – egal ob an der Börse, in der Konferenz, in einer Geschäftsverhandlung, auf dem Fußballfeld oder im Klassenzimmer – wird der Mann erst zum Mann. Nur durch den Kampf lassen sich die wichtigsten Leitbilder fossiler Männlichkeit realisieren: Durchsetzungsfähigkeit, Angstlosigkeit, Mut, Widerstandsfähigkeit, Stärke, Härte oder Überlegenheit. Mann muss nicht unbedingt siegen! Auch eine ehrenvolle Niederlage nach einem erbitterten Kampf beweist Männlichkeit. Flucht dagegen ist nur möglich um den Preis des Verlustes derselben.

Vor diesem Hintergrund wird deutlich, dass der Angriff im Konflikt nicht nur kompatibel ist mit der männlichen Rolle, sondern die Realisierung „echter Männlichkeit" es den Jungen und Männern fast zwingend vorschreibt, im Streitfall die Hoch-Status-Strategie zu ergreifen.

Wenn ein Mann nicht als Memme, „Weichduscher", „Frauenversteher" oder gar als schwul gelten will, muss er in Konflikten zur konfrontativen Hoch-Status-Strategie greifen. Der Angriff bzw. die angreifende Verteidigung sind identitätsstiftende Muster männlicher Konfliktlösung.

Bestätigt und gefestigt werden diese fossilen Leitbilder männlicher Identität nicht zuletzt auch von weiblichen Werthaltungen, vor deren Hintergrund es von der Mutter als Versagen empfunden wird, den eigenen Sohn zum „Weichei" erzogen zu haben. Und auch bei der späteren Partnerwahl werden „Warmduscher" von Frauen als unattraktive Partner abgewertet und ausgemustert.

Deshalb werden schon kleine Jungen im Gegensatz zu Mädchen von ihren Vätern und Müttern (!) ermahnt, sich bei Streitigkeiten nicht unterkriegen zu lassen. Eine „natürliche" und „gesunde" Aggressivität wird den Jungen in Spiel und Sport systematisch antrainiert. *„Ein Indianer kennt keinen Schmerz."* Ein „ganzer Kerl" muss seinen Schmerz nicht nur verstecken, er darf ihn nicht einmal kennen: Denn Angst und Schmerzen sind status-senkend („halbe Portion") und damit nicht kompatibel mit männlicher Überlegenheit. Das „starke Geschlecht" lernt, dass der beste Umgang mit Verletzungen und dem damit verbundenen Schmerz die Verletzung des anderen ist: *„Wie du mir, so ich dir."*

Sicherlich ist das soziale Geschlecht nur einer von vielen Faktoren, der darüber bestimmt, wer welche Konflikt-Strategie ergreift, um in Konfrontationen die eigenen Interessen durchzusetzen. Neben dem Leitbild, dass ein Mann in unserer Gesellschaft kämpferisch, wehrhaft und aggressiv sein muss, um als „ganzer" Mann zu gelten, beeinflussen auch andere Faktoren die Auswahl unserer Konflikt-Strategien: individuelle Erziehung; persönliches Umfeld; eigene Wertvorstellungen oder auch Sanktionen. Und diese Einflussgrößen führen glücklicherweise dazu, dass nicht jeder Mann in unserer Gesellschaft ein kleiner Rambo ist, wenn es um die Durchsetzung eigener Interessen geht. Und auch ungekehrt gilt, dass es viele Frauen gibt, die gewohnheitsmäßig auf die Strategie des Angriffs oder der angreifenden Verteidigung zurückgreifen, um ihre Interessen auf Kosten anderer durchzusetzen. Und dennoch: Statistiken zufolge neigen Männer stärker als Frauen dazu, in Konflikten ihre Interessen mit Hilfe der Hoch-Status-Strategie gegen ihre Konfliktpartner durchzusetzen. Männer tendieren aufgrund ihrer Sozialisation eher dazu, Probleme bzw. deren Verursacher „wegzuhauen". Dieses „Weghauen" kann mit Waffen oder Fäusten, aber auch mit spitzer Zunge, vernichtenden Blicken, schlagkräftigen Argumenten, Mobbing oder treffenden Worten erfolgen.

Kämpfen und Siegen zu können ist untrennbar verbunden mit fossilen Leitbildern von Männlichkeit. Die konfrontative Hoch-Status-Strategie ist daher eine Strategie, die statistisch häufiger von Männern benutzt wird.

7. „Bitte, bitte tu mir nichts!"
Flucht in die Opferrolle

Neben dem Angriff gibt es natürlich noch ein zweites Muster, auf das wir in Konflikten scheinbar reflexhaft zurückgreifen – die Flucht in die Opferrolle. Statt tätlich zu werden und den Gegner möglichst kampflos zu bezwingen, verfolgt die Tief-Status-Strategie das Ziel, den Gegner zu besänftigen. Auch dieses Konfliktmuster lässt sich ähnlich wie die Hoch-Status-Strategie mühelos aus dem Modell der Wippe ableiten: Selbstherabstufung und Fremderhöhung sind die beiden Mittel, den eigenen Status zu senken und den des Kommunikationspartners zu heben. Im Konflikt verdichten sich Selbstherabstufung und Fremderhöhung zu strategischen Mustern der Besänftigung durch Einnehmen der Opferrolle:

Mareike: *„Sag' mal, spinnst du? Schau dir mal das Bad an. Deine blöden Haare fliegen überall rum und die Zahnpastatube hast du auch nicht zugemacht.* (**Fremdherabstufungen**) *Ich habe das Bad gestern noch blitzblank geputzt.* " (**Selbsterhöhung**)

Astrid: *„Oh, tut mir Leid, Mareike. Ich bin so durch den Wind wegen meiner Prüfung gleich, dass ich völlig vergessen habe, hinter mir wieder alles in Ordnung zu bringen. Ich hab' totale Angst und stehe vollkommen neben mir.* (**Selbstherabstufungen**) *Du hast Recht, Liebes.* (**Fremderhöhung**) *Bitte sei nicht mehr sauer, ja. Ich koche heute Mittag für uns.* " (**Selbstherabstufung** bei gleichzeitiger **Fremderhöhung**)

Statt angesichts des Angriffs von Mareike zum Gegenschlag auszuholen, flüchtet Astrid in die Opferrolle. Sie senkt ihren eigenen und hebt den Status ihrer Freundin. Dadurch signalisiert sie unverzüglich, dass sie einen Kampf auf jeden Fall vermeiden will und bereit ist, ihrer Freundin entgegenzukommen. Im vorauseilenden Gehorsam bietet sie selbst Reparationszahlungen an: *„Ich koche heute Mittag für uns.* " Gleichzeitig sendet sie die heimliche Botschaft des Eingeständnisses eigener Unterlegenheit aus – und akzeptiert damit ihre Niederlage in dem Konflikt.

Die Opfer-Strategie setzt auf Besänftigung statt Beseitigung der Gefahrenquelle. Der Aggressor soll durch statussenkende Maßnahmen davon abgehalten werden, weitere Angriffe und Verletzungen vorzunehmen.

Versuchen wir, die versteckten Botschaften dieser Strategie in Worte zu fassen: *„Sieh' nur, wie klein und schwach ich bin. Ich kann und will dich gar nicht angreifen.* **(Selbstherabstufungen)** *Du dagegen bist stark und siegreich und hast selbstverständlich Recht.* **(Fremderhöhung)** *Der Konflikt ist entschieden. Bitte achte auf deine Beißhemmung und verschone mich mit weiteren Verletzungen. Als Sieger stellst du die weiteren Bedingungen* **(Fremderhöhung)**; *ich werde sie als Verlierer akzeptieren* **(Selbstherabstufung)***!"*

Mareike: *„Na gut, verstehe ich ja. Aber bitte mach' das Bad sofort sauber, wenn du nach Hause kommst, okay?"*

Die Opfer-Strategie weist bei aller Unterschiedlichkeit eine Gemeinsamkeit zur Täter-Strategie auf: Die Verantwortung in dem Konflikt wird delegiert. So wie der Angreifer sich zum Opfer des Konfliktkontrahenten macht („Du bist schuld!"), so schiebt auch das Opfer Verantwortung ab. Die Verhältnisse, die Umstände, andere Personen oder eigene Gefühle werden als Ursache für das eigene Verhalten angeführt:

➜ *„Ich bin wegen der Prüfung so durch den Wind, dass ich völlig neben mir stehe."*
➜ *„Tut mir Leid, dass ich zu spät komme. Der Zug hatte Verspätung."*
➜ *„Ich habe zwei Stunden im Stau gestanden und konnte nicht mehr einkaufen."*
➜ *„Ich habe so Kopfschmerzen. Ich muss nach Hause. Bitte sei mir nicht böse."*
➜ *„Sorry, aber ich habe in der Hektik den Termin völlig verschwitzt."*
➜ *„Ich konnte die Hausaufgaben nicht machen; meine Schwester hatte gestern Geburtstag."*
➜ *„Die Lieferung kam nicht rechtzeitig. Ich konnte die Produktionstermine nicht einhalten."*
➜ *„Mich überfiel plötzlich ein Heißhunger und da habe ich deinen Joghurt gegessen!"*

Versuchen wir abschließend noch einmal, die heimliche Botschaft der Delegierung von Verantwortung durch Opferhaltung in Worte zu fassen: *„Lieber Aggressor. Ich bin selbst Opfer widriger Umstände, die ich nicht zu verantworten habe. Ich bin schuld-los. Bitte ent-schuldige du mich auch. Und wenn du mich ent-schuldigst, dann kannst du mich ja auch nicht weiter verletzen, denn du triffst offensichtlich den Falschen."*

Trifft in einem Konflikt eine angreifende Person auf ein Gegenüber, das die Opfer-Strategie ergreift, so findet kein Kampf statt. Der Angreifer überträgt die Schuld auf das Opfer, das seinerseits versucht, die ihm übertragene Schuld an äußere wie innere Um-stände (das Opfer ist also umstellt) oder schuldhafte dritte Personen zu übertragen.

Angreifer wie Opfer delegieren Konfliktverantwortung, indem sie sich durch Opferhaltung zu Opfern machen.

Bei aller Unterschiedlichkeit von Täter- und Opfer-Strategie wird neben der Delegation von Schuld und der damit verbundenen Opferhaltung eine zweite Gemeinsamkeit sichtbar: Beide Strategien arbeiten mit Druck. Wird der eingesetzte Druck bei der Angriffs-Strategie auf den ersten Blick sichtbar, so ist der Druck bei der Opfer-Strategie subtiler: *„Oh, tut mir Leid, Mareike. Ich bin so durch den Wind wegen meiner Prüfung gleich, dass ich völlig vergessen habe, hinter mir wieder alles in Ordnung zu bringen. Ich hab' totale Angst und stehe vollkommen neben mir."*

Auf den Aggressor soll durch die Darstellung eigenen Leidens Druck ausgeübt werden: Leidensdruck! Das Leiden soll ihn derart beeindrucken, dass er mit-leidet. Und wer an dem Leiden des Konfliktpartners teilhat, kann unmöglich dessen Elend durch zusätzliche Angriffe und Verletzungen verschärfen – so das Kalkül der Opferrolle.

Auch die Opferrolle arbeitet mit Druck: Leidensdruck.

Diese Druck-Strategie ist ebenfalls ein „tierisches Erbe", denn das Opfer, das sich auf den Rücken wirft und den Bauch oder die Kehle anbietet, signalisiert: *„Ich bin schon verletzt und leide! Wenn du weiter machst, erzeugst du noch mehr Leid."* Der Tiefstatus ist also die körpersprachliche (bzw. sprachliche) Vorwegnahme der potenziellen Verletzung. Er soll dem Angreifer bereits den Ausgang eines möglichen Kampfes vor Augen führen.

Übertragen wir die erstaunlichen Erkenntnisse über die Parallelen zwischen Angriffs- und Opfer-Strategie auf ein Schema:

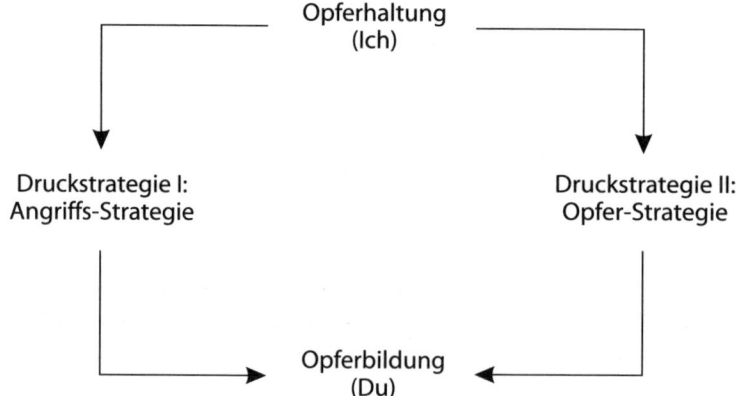

Ein Beispiel dazu: Eine Person ärgert sich über die Haare ihrer Mitbewohnerin im Waschbecken des gemeinsamen Bades. Sie nimmt eine Opferhaltung ein, die in Worte übersetzt lautet: *„Ich leide darunter, dass du das Bad verdreckst. Du bist schuld an dem*

Konflikt und daran, dass ich leide." Die Verantwortung für den Konflikt wird durch die Übertragung der Schuld an den Konfliktpartner delegiert.

Für die Wahl ihrer Strategie in dem Konflikt hat die Person zwei Optionen:
1. Sie ergreift die Angriffs-Strategie, um durch den Druck Angst bei ihrem Konfliktpartner zu erzeugen: *„Sag' mal, spinnst du: Ich putze immer das Bad, und du versaust es permanent …"*
2. Die Person ergreift die Opfer-Strategie, um durch Leidens-Druck den Konfliktpartner zum Mitleid zu bewegen: *„Och Mensch. Ich habe mich so auf ein sauberes Bad gefreut, und jetzt ist es dreckig. Du weißt doch, dass ich heute mein Rendezvous habe und ich mich richtig schön machen will. Und jetzt ist es so dreckig, dass ich mich ekel …"*

Angriffs- wie Opfer-Strategie sind Druck-Strategien. Der Konfliktpartner soll durch die Ausübung von Druck beeindruckt werden. Der Unterschied besteht darin, dass der Druck, der durch die Angriffs-Strategie entfaltet wird, bei dem Konfliktpartner Angst vor dem Angreifer erzeugen soll, während der durch die Opfer-Strategie ausgeübte Druck Angst vor dem eigenen schlechten Gewissen und demnach Mitleid erzeugen soll.

Beide Strategien verfolgen das gleiche Ziel: Durch die Anwendung von Druck soll der Konfliktpartner dahingehend gedrückt werden, dass er Angst bekommt, eigene Interessen negiert und gemäß den Interessen der Druck ausübenden Person handelt. Wer aber – egal durch welche Art von Druck auch immer – dahin gedrückt wird, sich aus Angst vor Konsequenzen fremden Interessen zu beugen, unterwirft sich und macht sich zum Opfer. Wer sich zum Opfer macht, handelt nicht selbstverantwortlich, sondern wird gezwungen. Angriffs- wie Opfer-Strategie üben Druck und damit Zwang aus. Beide Strategien sind Druck-Strategien, die den Konfliktpartner beängstigen und zur Kapitulation zwingen wollen!

→ **Gemeinsame Grundlage beider Strategien ist die Delegierung von Verantwortung durch Schuldzuweisung: Opferhaltung.**

→ **Angriffs- wie Opfer-Strategie arbeiten mit Druck und wollen beim Konfliktpartner Angst vor dem Kontrahenten bzw. dem schlechten Gewissen erzeugen.**

→ **Durch Druck soll der Kontrahent gezwungen werden, sich den fremden Interessen zu unterwerfen: Zwang! Der Kontrahent soll besiegt und zum Opfer gemacht werden.**

→ **Wem es gelingt, in einem Konflikt den Kontrahenten durch Druck zum Opfer zu machen, hat sich seiner eigenen Opferrolle entledigt und diese auf das Opfer projiziert.**

Noch eine letzte Gemeinsamkeit von Opfer- und Täter-Strategie lässt sich feststellen: Auch die Tief-Status-Strategie ist präventiv einsetzbar. So, wie es eine präventiv-angreifende Verteidigung gibt, so gibt es auch eine präventiv-beschwichtigende Opferrolle. Allein die **Erwartung** eines Angriffs seitens des Konfliktpartners kann eine Person dazu veranlassen, den eigenen Status zu senken. Einfacher ausgedrückt: Bevor der Konfliktpartner auch nur die Gelegenheit ergreifen könnte, laut, ausfallend oder gar körperlich tätlich zu werden, nimmt ihm die besänftigende Person durch Tief-Status-Handlungen den Wind aus den Segeln. Mit gesenktem Haupt, gebückter Haltung und Leidensmiene geht sie auf den Konfliktpartner zu und versucht, einem möglichen Erstschlag durch präventive Opferbildung zuvorzukommen:

Astrid: *„Oh, Mareike, ich weiß, was du sagen willst: Sorry, Liebes, ich habe die Haare im Bad nicht weggeputzt. Tut mir Leid, aber bin so durch den Wind wegen ...“*

Und es gibt sogar Menschen, denen ist diese Strategie der Besänftigung zur zweiten Haut geworden. Mit ständig gebückter Haltung und eingezogenen Schultern gehen sie durchs Leben und versuchen, etwaige Angriffe ihrer Zeitgenossen durch permanente präventive Beschwichtigung abzuwehren. Die heimliche Botschaft der wandelnden Opfer lautet: *„Bitte greift mich nicht an. Ich leide ohnehin schon genug. Habt Mitleid und lasst mich in Ruhe. Ich meinerseits werde nichts gegen euch unternehmen. Ich erkenne jegliche Hierarchie an.“*

Diese Opferrolle sitzt tief. Sie ist Ausdruck mangelnden Selbstwertgefühls und Selbstbewusstseins. Sie ist eine innere Haltung, die sich körpersprachlich äußert. Innere wie äußere Haltung sind kongruent. Das Dilemma der wandelnden Opfer: Durch ihre innere wie äußere Haltung wollen sie Angriffe präventiv abwehren. Das Ziel dieser Opfer ist, nie wieder Opfer zu werden. Doch gerade durch ihre Opferhaltung laden sie immer wieder andere Personen ein, sie zum Opfer zu machen.

Wer permanent signalisiert „Ich werde mich nicht wehren“, macht es gerade den Angreifern leicht, Übergriffe zu wagen, die möglichst risikolos ihre Interessen auf Kosten anderer durchsetzen wollen.

8. „Der Klügere gibt nach!"
Möglichkeiten und Grenzen der Tief-Status-Strategie

Wir assoziieren die Opfer-Strategie oft vorschnell mit Schwäche. Aber es gibt auch eine machtvolle Variante der Beschwichtigung durch Tief-Status-Handlungen. Wir alle kennen Menschen, die durch die bewusste oder unbewusste Inszenierung ihres Leidens andere Personen immer wieder dazu bewegen können, ihnen zu helfen. Die vermeintliche Schwäche gerät zur Stärke. Scheinbar hilflose Personen gewinnen Macht über ihre Helfer. Wer die Schwachpunkte des Kontrahenten genau kennt, kann durch Besänftigung den anderen mühelos um den Finger wickeln:

➡ Eine Mitarbeiterin weiß, dass sie ihrem Chef auf Konferenzen nicht widersprechen darf. Vor anderen Personen muss sie ihn sein Gesicht wahren lassen. Während einer Konferenz verzichtet sie deshalb auf Gegenreden. Sie hat durch die lange Zusammenarbeit mit ihrem Chef gelernt, dass sie ihre Interessen besser durchsetzen kann, indem sie in einem Zweiergespräch das „schwache Weibchen" inszeniert, ihm schmeichelt und ihn so zu wichtigen Zugeständnissen bewegt. Der Chef wiederum liebt es, von seiner „süßen" Mitarbeiterin umgarnt zu werden. Als Gegenleistung für die Schmeicheleien der Mitarbeiterin macht er ihr Zugeständnisse auf der sachlichen Ebene. Die Tief-Status-Strategie der Mitarbeiterin ist erfolgreich. Sie kann ihre Interessen durchsetzen.

➡ Ein Kind weiß, dass es die Erfüllung seines Wunsches nach Erdbeereis beim Vater am besten dadurch erreicht, dass es mit großen Kulleraugen bittet und bettelt: *„Och bitte, Papa. Es ist so heiß. Bitte darf ich ein Eis?"* Die intuitive Inszenierung der kindlichen Opferrolle führt zum Erfolg – der harte Papa lässt sich durch den sanften Druck erweichen.

Die Opfer-Strategien erreichen ihr Ziel, wenn sich die Konfliktpartner beeindrucken und zu Zugeständnissen bewegen lassen.

Ein Passant wird von einem Straßenräuber mit einem Messer bedroht. Der Räuber hat ein klar definiertes Ziel: Er möchte die Brieftasche des Passanten stehlen – und zwar kampflos. Wenn dem bedrohten Passanten seine körperliche Unversehrtheit wichtiger ist als seine Brieftasche, dann stellt die Beschwichtigung die geeignetste Strategie dar, dieses Interesse zu verwirklichen: Der Passant nimmt die Hände hoch und signalisiert dem Räuber, dass er keinerlei Widerstand leisten wird. Anschließend händigt er dem Räuber die Brieftasche aus und streckt seine Hände wieder nach oben. Der Konflikt wird schnell beigelegt, weil sich das primäre Konfliktinteresse des Passanten mit dem des Räubers deckt – kein Kampf! Den Preis, den der Passant für seine Unversehrtheit zahlt, ist die Brieftasche.

Der Passant hat sich durch die Opfer-Strategie dem Täter ausgeliefert – dieser entscheidet darüber, welche weiteren Schritte er in dem Konflikt unternimmt. Der Täter ist mächtig – das Opfer ohnmächtig. Nehmen wir einmal an, der Täter sieht die goldene Uhr am Arm des Passanten blitzen und fordert diesen auf, ihm diese zusätzlich zur Brieftasche auszuhändigen. Unterstellen wir ferner, dass es sich bei der Uhr um ein wertvolles Erbstück handelt, an dem der Passant – im Gegensatz zur Geldbörse – sehr hängt. Blitzschnell ändert sich dessen Konfliktinteresse: Dem Passanten geht es jetzt primär nicht mehr um seine körperliche Unversehrtheit, sondern um die Uhr. Bei der Frage der Uhr jedoch entwickelt sich zwischen Räuber und Passant ein Interessengegensatz: Beide streiten um das gleiche Objekt. Nur einer kann gewinnen. Will der Passant seine Uhr retten, muss er die Strategie wechseln und anfangen, sich zu wehren.

Die Tief-Status-Strategie weist einen eklatanten Nachteil auf: Durch das „Sich-klein-Machen" wird die Opferrolle eingenommen und die Entscheidung über den weiteren Konfliktverlauf an den Gegner delegiert. Dieser wird durch die eigene Schwächung gestärkt und kann über den weiteren Konfliktverlauf bestimmen.

Die eigene Kraft wird gleichsam aus dem persönlichen Selbstbild herausgetrennt, „vergessen" und auf den „Gegner" übertragen. Das kann nach langer „Gewöhnung" zu erheblichem Frust führen. Deshalb: Wann immer wir von außen „gedeckelt" werden, kann das ein Signal sein, dass wir unser Licht unter den Scheffel stellen. Aus diesem Grund behaupten wir: Wer uns angreift, kämpft mit unserer Stärke, die wir ihm verliehen haben.

Vater und Tochter machen einen Spaziergang und kommen an einer Eisdiele vorbei. Das Kind ergreift die Opfer-Strategie: *„Bitte, Papiii. Mir ist so heiß. Ich möchte ein Eis."* Der Vater ist wie das Kind an einem harmonischen Nachmittag interessiert, hat Angst vor Unstimmigkeiten und gibt nach – die Tochter bekommt ihr Eis.

Wenn der Vater des nach Eis bettelnden Kindes jedoch einen alarmierenden Artikel über die negativen Auswirkungen von Süßigkeiten auf die Gesundheit von Kindern gelesen hat, dann werden auch die größten Kulleraugen und das heulendste Elend ihn nicht dazu bewegen können, ein Eis zu kaufen. Zwischen Kind und Vater gibt es einen unvereinbaren Interessengegensatz: Das Kind möchte Eis; der Vater möchte nicht, dass sein Kind Eis isst. Er stellt sein Interesse an einem gesunden Kind über sein Interesse an einem harmonischen Nachmittag und nimmt etwaige Streitigkeiten mit der Tochter in Kauf. Die kindlichen Waffen der Besänftigung prallen ab an den harten Mauern des Vaters. Dieser lässt sich nicht erweichen. Die Grenze der Opfer-Strategie ist erreicht, weil sich der Vater trotz Besänftigung durch Kulleraugen und Kindchenschema nicht zu Zugeständnissen bewegen lässt.

Mit Hilfe der Opferrolle lassen sich in einem konfrontativen Konflikt immer nur dann eigene Interessen und Ziele durchsetzen, wenn diese nicht **gegen** die primären Interessen der anderen Konfliktpartei stehen. Denn ob die Tief-Status-Strategie zum Ziel führt, hängt von der Bereitwilligkeit der angesprochenen Personen ab, sich erweichen zu lassen. Die Opferrolle ist nur mächtig, wenn sich eine andere Person bemächtigen lässt. Eine „milde Gabe" kann nicht aus eigener Kraft erstritten, sondern nur erbettelt werden.

Die Opfer-Strategie macht den Angreifer stark. Lässt dieser sich nicht besänftigen oder beschwichtigen, ist die Tief-Status-Strategie als Mittel der Verfolgung eigener Interessen gescheitert.

9. „Mach' nicht so ein böses Gesicht!"
Tief-Status und Weiblichkeit

So, wie die Angriffs-Strategie mit dem typischen Bild von Männlichkeit in unserer Gesellschaft assoziiert wird und daher bevorzugt von Männern ergriffen wird, wird die Tief-Status-Strategie und die damit verbundene Opferrolle häufiger von Frauen benutzt, um eigene Konfliktinteressen zu verfolgen. Werfen Sie einen Blick in die Volkshochschul-Programme Ihrer Stadt und Sie werden feststellen, dass es zahlreiche Kurse zum Thema Selbstbehauptung und Wehrhaftigkeit für Mädchen und Frauen gibt. Hauptanliegen all dieser Kurse ist es, den weiblichen Teilnehmerinnen Strategien zu vermitteln, wie sie ihre Interessen jenseits der Opferrolle verfolgen können. In diesen Seminaren werden Techniken und Strategien trainiert, wie Frau ihre Interessen notfalls auch **gegen** die Interessen ihrer Kontrahenten durchsetzen kann. In den Selbstverteidigungskursen lernen Frauen sich körperlich zu wehren, in den Selbstbehauptungskursen werden diese Techniken ergänzt durch die Vermittlung körpersprachlicher Hoch-Status-Handlungen, und in den Rhetorik-, Konflikt- und Selbstmanagement-Seminaren üben die Teilnehmerinnen, sich mit verbalen Strategien der Durchsetzungsfähigkeit zu behaupten. Grundtenor aller Seminare: *„Frauen, raus aus der Opferrolle! Raus aus dem gewohnheitsmäßigen Tief-Status. Diese Strategie macht euch wehrlos und schwach und eure Gegner stark. "*

Der Begriff Selbstbe**haupt**ung deutet den angestrebten Hoch-Status an. Opfer ziehen den Kopf ein, um nicht zur Zielscheibe von Angriffen zu werden. In den Selbstbehauptungskursen dagegen sollen Frauen lernen, erhobenen Hauptes durchs Leben zu gehen. Denn ein erhobenes Haupt bedingt eine aufrechte Haltung; eine aufrechte Haltung zeugt von Rückgrat. Im Gegensatz zur Opferhaltung lautet die heimliche Botschaft der Selbstbehauptung: *„An meiner aufrechten Haltung erkennst du – potenzieller Angreifer – meine innere Haltung: Im Zweifelsfall werde ich mich wehren. Du wirst es sehr schwer gegen mich haben. Deshalb versuche es gar nicht erst. "*

Warum aber ist in Konflikten der Rückgriff auf die Opfer-Strategie eine statistisch gesehen eher weibliche Option? Um diese Frage zu beantworten, ist es notwendig, die traditionellen Leitbilder weiblicher Identität in unserer Gesellschaft zu beleuchten. Wir müssen also fragen: Welche Eigenschaften und Fähigkeiten müssen Mädchen und Frauen lernen, verinnerlichen und äußern, um in unserer Gesellschaft als Frau zu gelten? Entsprechend zum Lied von Herbert Grönemeyer über Männer müssen wir rätseln: *„Wann ist die Frau eine Frau?"*

Wenn wir Ihnen jetzt die fossilen Leitbilder weiblicher Identität aufzählen, dann werden Sie sicher schmunzeln, weil sie Ihnen antiquiert vorkommen: Doch wenn diese Leitbilder tatsächlich nur Schnee von gestern wären, dann würde der Markt für Selbstbehauptungs- und Selbstverteidigungskurse für Mädchen und Frauen nicht derart boomen:
→ Eine Frau sollte bescheiden und anpassungsfähig sein.
→ Sie sollte sich aufopfern für ihre Liebsten.
→ Sie sollte hilfsbedürftig und einfühlsam, rücksichtsvoll und liebend sein.
→ Sie sollte verständnisvoll sein und IHM und ihren Kindern den Rücken freihalten.

Sicherlich ist diese Aufzählung der fossilen (?) Leitbilder weiblicher Identität nicht vollständig. Aber diese Leitbilder haben einen direkten Einfluss auf weibliches Konfliktverhalten. Denn Sie werden feststellen, dass die meisten der genannten Eigenschaften darauf abzielen, dass Frau sich zurückzunehmen hat. Eigene Interessen dürfen nicht gegen die Interessen anderer, sondern bestenfalls in Einklang mit deren Interessen verwirklicht werden.

Will Frau einfühlsam und rücksichtsvoll, aufopfernd und anpassungsfähig, verständnisvoll und bescheiden sein, dann hat sie sich im Konfliktfall unterzuordnen und ihre Interessen darauf auszurichten, es anderen recht zu machen. Die Klügere gibt nach.

Auffällig ist auch, dass diese Leitbilder weiblicher Identität jeder Form von Aggressivität entbehren. Denn aggressive Emotionen wie Ärger, Wut, Hass oder Zorn sind nicht vereinbar mit einem traditionellen Rollenklischee, das von der Frau Rücksichtnahme und Aufopferung verlangt.

Aggressive Emotionen sind mit dem traditionellen Frauenbild unvereinbar. Bei Mädchen und Frauen findet daher eine weitgehende Tabuisierung aggressiver Emotionen statt.

Die entsprechenden „pädagogischen" Sprüche, mit denen kleine Mädchen aufwachsen, lauten: *„Du siehst süß aus, wenn du wütend bist!"* Oder: *„Mach' nicht so ein böses Gesicht!"* Die Äußerung aggressiver Emotionen wird verniedlicht, lächerlich gemacht oder gar tabuisiert. So wie Jungen nicht schwach sein dürfen, ist es Mädchen nach traditioneller Rollenauffassung nicht gestattet, stark und aggressiv zu sein. Ist es da verwunderlich, dass sich diese Abwertungen und Tabuisierungen von aggressiven Emotionen auch im weiblichen Konfliktverhalten niederschlagen? Von der Rücksicht zur Selbstauf**opfer**ung ist es nur ein kurzer Weg.

Durch das Ergreifen der Opfer-Strategie im Konflikt werden die traditionellen Leitbilder von Weiblichkeit realisiert.

Wohlgemerkt: Wir wollen nicht leugnen, dass die Leitbilder weiblicher Identität in einem erheblichen Wandel begriffen sind. Und wenn wir uns die Veröffentlichungen auf dem Büchermarkt anschauen, können wir feststellen, dass gerade auch das aufopfernde weibliche Konfliktverhalten problematisiert und verändert wird: *„Gute Mädchen kommen in den Himmel, böse überall hin"* – *„Die Klügere gibt nicht mehr nach."* – *„Machiavelli für Frauen"* – *„Auch ohne dass ein Prinz dich küsst"* – *„Keine Angst vor Aggressionen"* usw.

Und dennoch: Diese aufgezählten Bestseller sind sowohl ein Beleg für den Wandel der weiblichen Geschlechterrolle und des entsprechenden aufopfernden Konfliktverhaltens, wie sie gleichzeitig von deren Gültigkeit zeugen: Gäbe es die traditionellen Leitbilder nicht mehr, würden auch diese Bücher keinen massenhaften Absatz mehr finden ...

Wir können dieses Kapitel natürlich nicht beenden, ohne darüber nachzudenken, wie die **„Waffen der Frau"** funktionieren und in welchem Zusammenhang sie zur Opfer-Strategie stehen.

Zunächst einmal machen wir die Beobachtung, dass viele Frauen in unseren Seminaren sehr euphorisch von der Wirksamkeit dieser Waffen berichten. Immer wieder beschreiben sie, wie einfach und mühelos es ist, den Mann, Mitarbeiter oder Chef mit den „Waffen der Frau" zu besiegen. Diese werden fast ausschließlich gegen Männer gerichtet. Sie zielen auf die männlichen Schwachstellen: Eitelkeit, Imponiergehabe, Geltungsbedürftigkeit, Status und Hierarchie. Mit den „Waffen der Frau" werden Männer nicht etwa aggressiv bekämpft, sondern becirct, umgarnt, betört und verführt.

Diese Waffen sind so geschickt getarnt, dass sie von Männern oft gar nicht als Waffen identifiziert werden. Geschmeichelt von einseitiger Imagepflege, gebauchpinselt von verführerischer Erotik und benebelt von weiblichem Charme ver-fallen „starke" Männer den Wünschen ihrer Konfliktpartnerinnnen und strecken bereitwillig ihre Waffen. Nicht mehr im vollen Maße „Herr ihrer Sinne", machen sie – ganz Kavalier – den Frauen Zugeständnisse, zu denen sie in einem offenen Konflikt nicht bereit gewesen wären. Die „Waffen der Frau" sind ohne Zweifel sehr effektiv. Sie verlangen von ihren Anwenderinnen mehr als nur männliche Kraft und Stärke:
→ Frauen müssen analytisch vorgehen und die Schwachstellen ihres Gegenübers auskundschaften.
→ Sie müssen strategisch denken und den geeigneten Ort und Zeitpunkt ihres Waffenganges bestimmen können.
→ Sie müssen ihre Waffen perfektionieren und schließlich so tarnen, dass diese im Konflikt als Waffen gar nicht mehr zu erkennen sind.

Und noch etwas ist bewundernswert an diesen Waffen: Die Frau versteckt ihre Waffen hinter einer betont zur Schau gestellten Schwäche. Sie präsentiert sich selbst als „Weibchen", das ihre erotisierende Wirkung auf den Mann entfaltet. Sie schlüpft in traditionelle weibliche Rollenklischees und benutzt die Opferrolle, um ihre vermeintliche Unterlegenheit zur Schau zu stellen. Sie blickt bewundernd zum Mann empor und signalisiert ihm dadurch die scheinbare Anerkennung seiner Größe und Überlegenheit. Sie wiegt ihn in Sicherheit. Mit anderen Worten: Sie inszeniert ihren Tief-Status, um nach dem Prinzip der Wippe den Mann in den Hoch-Status zu katapultieren. Und dieser – getroffen bei seiner Schwachstelle: seinem Zwang zur Stärke! – reagiert so, wie ein Edelmann gegenüber einer Dame zu reagieren hat: Er kommt von seinem hohen Ross herunter – auf das ihn die Frau gehoben hat –, kniet zu Boden, küsst der Dame die Hand und stellt ihr seinen starken Arm zur Verfügung: Er trägt sie auf Händen und macht bereitwillig Zugeständnisse.

Da dieser weibliche Waffengang auf strategischem Kalkül beruht, lässt sich zusammenfassend feststellen: Die eigentlich überlegene Person in diesem Kampf ist die Frau. SIE bestimmt die Bedingungen des Kampfes. SIE tarnt ihre eigentliche Stärke hinter vermeintlicher Schwäche. „Die Waffen der Frau" sind äußerst wirksame Mittel, um eigene Interessen und Wünsche in Konflikten durchsetzen zu können und ohne sich gleichzeitig auf ein gegnerisches Schlachtfeld begeben zu müssen, auf dem die Herren der Welt ihre Waffen der aggressiven Konfrontation entfalten können und den Frauen haushoch überlegen sind.

Aber wie schon am Beispiel des Räubers und des Passanten dargestellt, gilt auch für die „Waffen der Frau": Mit dieser Strategie lassen sich keine Interessen **gegen** die grundlegenden Interessen der Männer durchsetzen. Wenn ein Mann sich nicht umgarnen lässt, sind die „Waffen der Frau" stumpf. Wenn ein Mann zu Zugeständnissen nicht bereit ist, weil sie gegen seine fundamentalen Interessen verstoßen, dann sind die weiblichen Verführungskünste wirkungslos. Die weibliche Strategie stößt an ihre Grenzen: Sie setzt – wie jede Opfer-Strategie – auf Besänftigung. Doch wenn das Gegenüber, aus welchem Grund auch immer, sich nicht besänftigen lassen will, sondern stark bleiben möchte, dann ist die Tief-Status-Strategie gescheitert. Die „Waffen der Frau" prallen an den Mauern des Mannes ab, wenn dieser sich verschanzt und sich weigert, das Schlachtfeld der Frau zu betreten. Daher möchten wir noch einmal die zusammenfassende These des letzten Kapitels wiederholen:

Lässt sich die andere am Konflikt beteiligte Partei nicht besänftigen oder beschwichtigen, ist die Opfer-Strategie als Mittel der Verfolgung eigener Interessen gescheitert.

Und noch eine Grenze der „Waffen der Frau" ist offensichtlich: Es lassen sich damit keine Führungspositionen erobern. Denn integraler Bestandteil der „Waffen der

Frau" ist die Inszenierung des Bildes eines schwachen und verführerischen Weibchens. Dieses Frauenbild greift in seinem Schönheitsideal in vielen Elementen auf das Kindchenschema zurück: große Kulleraugen, Augenaufschlag, gezupfte Augenbrauen, Schmollmund, Stupsnase usw. Das dadurch entstehende Image des „Weibchens" jedoch ist unvereinbar mit den Anforderungen, die – egal in welchem Berufszweig – an eine Führungsperson gestellt werden. Wer in unserer Gesellschaft führende Positionen be**kleid**en will, muss durchsetzungsfähig, stark, risikofreudig und zuweilen auch aggressiv auftreten können, um dieses Amt auch zu ver**körper**n. Diese Eigenschaften und Fähigkeiten, die von Führungspersonen verlangt werden, vertragen sich nicht mit dem traditionellen Bild eines „Weibchens", das in Konflikten auf die Strategie der Besänftigung zurückgreift und dadurch – wenn auch nur zum Schein – die gegnerische Überlegenheit anerkennt.

Wohl den Frauen, die in der Lage sind, die Strategie blitzschnell wechseln zu können, wenn sie erkennen, dass die „Waffen der Frau" stumpf werden oder deren Anwendung ihren Zielen schadet.

Mädchen und Frauen werden selbstbewusster, legen immer häufiger die Opferrolle ab und setzen ihre Interessen notfalls auch gegen die Interessen ihrer Kontrahenten durch.

10. „Kinder, die was wollen ..."
Über das Lernen von Strategien

Je kleiner Kinder sind, desto direkter und unverstellter äußern sie ihre Wünsche und Forderungen. Kleinkindliche Bedürfnisäußerungen vollziehen sie noch völlig unstrategisch: Kinder verkörpern ihre Wünsche – im wahrsten Sinne des Wortes. Ein Baby, das Hunger verspürt, schreit mit dem ganzen Körper nach Essen.

Doch diese Unmittelbarkeit der Bedürfnisäußerung von Babys oder Kleinkindern ist oft anstrengend für uns Erwachsene. Nicht immer sind wir in der Lage oder willens, ihren Wünschen unmittelbar nachzukommen: Wir lassen die Kleinen nachts auch mal schreien, in der Hoffnung, dass sie sich wieder beruhigen und sich an unsere Zeitrhythmen anpassen. So lernen unsere Kinder schon sehr frühzeitig, dass es für die Befriedigung von Wünschen und Bedürfnissen nicht unbedingt vorteilhaft ist, wenn man diese ganzkörperlich einfordert: *„Kinder, die was wollen, kriegen was auf die Bollen!"*

→ Stattdessen bieten wir unseren Kindern als Ersatz für die unverstellte Bedürfnis-Äußerung scheinbare Wunderwaffen an – Tief-Status-Strategien: *„Wie heißt das Zauberwort?"* Und schon folgt die verbale Antwort *„Bitte, bitte, Mama!"*, die mit einer körpersprachlichen Tief-Status-Strategie bekräftigt wird. Zur Belohnung für die richtige strategische Wahl wird dem Kind der im Tief-Status geäußerte Wunsch erfüllt. Lernen durch Erfolg! Das Konfliktmuster der Besänftigung setzt sich fest.

→ Und da das Kind bei anderen Kindern oder auch bei den erwachsenen Bezugspersonen sieht, dass auch die Angriffs-Strategie von Erfolg gekrönt sein kann, wenn es gilt, eigene Interessen gegen die von anderen Menschen durchzusetzen, wird auch diese Strategie von ihnen begierig aufgegriffen, kopiert und trainiert. Erreicht das Kind mit Hilfe der Angriffs-Strategie wiederholt sein Ziel, nämlich die Erfüllung seiner Wünsche, so greift auch hier das Prinzip des Lernens durch Erfolg! Das Konfliktmuster des Angriffs setzt sich fest.

Machen wir uns nichts vor: Unsere Kleinen lernen schnell von uns. Spätestens im zarten Alter von drei Jahren können Kinder intuitiv unterscheiden, ob sie eher mit großen Kulleraugen oder mittels Fußgetrampel und Schreien zum jeweiligen Ziel gelangen. Und natürlich sind sie in der Lage, ihre Konflikt-Strategie an die jeweilige Bezugsperson anzupassen: Bei Mama wird geschrien, bei Papa wird gesäuselt – oder auch umgekehrt.

Nehmen wir das Bedürfnis eines dreijährigen Kindes nach Eis zum Anlass, um noch einmal die gesamte Variationsbreite von Angriffs- und Opfer-Strategien durchzuspielen:

Beispiel 1:

Kind: *„Mama, ich will Eis!"*
Mutter: *„Wie sagt ein braves Kind?"*
Kind: *„Mamaaaa, darf ich bitte ein Eis. Mir ist so warm. Bitte jaaa? Gestern hatte ich auch keins. Bitte!"*
Mutter: *„Na gut, aber nur eine Kugel."*
Das Kind ergreift die Strategie, die ihm die Mutter durch ihre Forderung nach Bittstellerei nahegelegt hat: die Opfer-Strategie. Gleichzeitig nimmt das Kind eine Opferhaltung ein: Das heiße Wetter und die gestrige „Hartherzigkeit" der Mutter werden als Grund für das eigene Leid angeführt. Der Leidensdruck soll die Mutter beeindrucken und zum Einlenken zwingen. Die Opfer-Strategie führt zum Ziel: Die Mutter zeigt Mitleid und kauft sich von ihrem schlechten Gewissen mit einem Eis frei.

Die Moral von der Geschicht: Der Konflikt-Erfolg wird das Kind dazu ermutigen, bei der Mutter diese Opfer-Strategie häufiger anzuwenden.

Beispiel 2:

Kind: *„Mamaaaa, darf ich bitte ein Eis. Mir ist so warm. Bitte jaaa? Gestern hatte ich auch keins. Bitte!"*
Mutter: *„Nein, du kriegst schlechte Zähne. Morgen wieder!"*
Kind: *„Ach bitte, Mama. Nur eine Kugel ..."* (Tränen fließen)
Da sich die Mutter von der ersten Welle des Leidens unbeeindruckt zeigt, wird die Dosis erhöht: Tränen sind die schärfste Waffe der Opfer-Strategie, um bei der Mutter Mitleid und ein schlechtes Gewissen zu erzeugen.
Mutter: *„Ich bleibe dabei: NEIN!. Morgen ist auch noch ein Tag. Und wenn du nicht aufhörst zu weinen, gibt's auch morgen kein Eis."*
Die Mutter reagiert auf den erhöhten Mitleidsdruck ihres Kindes mit der Forcierung des eigenen Angriffs: Das Kind soll durch Erpressung derart verängstigt werden, dass es den Druck aufgibt.
Kind: *„Manno, du bist so gemein! Nie kriege ich ein Eis. Papa gibt mir immer Eis, der ist viel lieber als du!"*

Das Kind spürt, dass die Strategie der Erweichung angesichts der harten Mutter zu scheitern droht. Es holt sich die Macht zurück und wechselt die Strategie: Mit einem Gegenangriff, der nicht länger auf das Mitleid, sondern auf die Angst der Mutter abzielt, soll diese bezwungen werden.

Mutter: *„Schluss jetzt. Noch ein Wort, und heute abend gibt's zur Strafe kein Fernsehen."*

Kind: *„Ist mir doch egal!"* (Wirft sich auf den Boden des Supermarkts und schreit sich die Kehle aus dem Leib.)

Auf die erneute Forcierung des mütterlichen Angriffs reagiert das Kind ebenfalls mit einer weiteren Eskalationsstufe: Die Schreiattacken im Supermarkt sollen die Angst der Mutter vor der „öffentlichen Meinung" erhöhen.

Mutter: *„Komm, steh jetzt auf. Was sollen die Leute denn von dir denken. Okay, du kriegst ein Eis. Aber nur ein kleines."*

Das Kind hat den Machtkampf gewonnen. Die Mutter wechselt die Strategie und gibt klein bei. Das Eis soll das Kind besänftigen. Mit einem Rest von vorgetäuschtem Hoch-Status (Schuldzuschreibung: *„... von dir [!] denken."* / Erpressung: *„Nur ein kleines."*) versucht die Mutter, ihr Gesicht zu wahren.

Und die Moral von der Geschicht: Das Kind lernt, dass es sich bei der Mutter künftig den Umweg über die Opfer-Strategie sparen kann. Die Angriffs-Strategie führt direkter zum Ziel.

Beispiel 3:

Kind: *„Papa, ich will ein Eis."*

Vater: *„Gibt's nicht. Du hattest gestern eins."*

Kind: *„Ich will aber. Bei der Mama krieg ich auch jeden Tag eins, wenn es warm ist."*

Vater: *„Ich bin aber nicht die Mama."*

Kind: *„Du bist gemein. Die Mama ist viel lieber."*

Vater: *„..."*

Kind: *„Ich will aber ein Eis! Du bist ganz blöd! Ich mag dich nicht mehr."*

Vater: *„..."*

Unterstellen wir einmal, dass sich der Vater auch von den weiteren Eskalationen seitens des Kindes unbeeindruckt zeigt. Die kindliche Angriffs-Strategie scheitert an der Stärke des Vaters.

Kind: *„Ach bitte, Papa. Du spielst so selten mit mir. Und wenn wir mal spielen, dann klingelt immer dein Handy. Eben auch schon wieder. Und wenn ich dann traurig bin, kriege ich noch nicht mal ein Eis."*

Strategie-Wechsel: Opfer-Strategie und Leidensdruck. Der Vater ist an seiner empfindlichsten Stelle getroffen – seinem schlechten Gewissen.

Vater: *„Jetzt komm mir nicht so. Außerdem sind das Geschäftsgespräche."*

Kind: *„Bitte. Nur heute, ja?"*

Vater: *„Na gut. Aber nur, wenn du nicht noch einmal so schreist. Und morgen gibt's dafür kein Eis."*

Die Moral von der Geschicht: Das Kind lernt, dass der Vater gegen die Strategie des Angriffs gewappnet ist. Es wird also künftig beim Vater bevorzugt die Opfer-Strategie anwenden.

Sie sehen an dieser kleinen Geschichte, die sich in Millionen von Familien in ähnlicher Form tagtäglich abspielt, dass wir sehr frühzeitig lernen, in Konflikten strategisch vorzugehen. Wir lernen die Vor- und Nachteile der jeweiligen Strategie kennen und wissen, dass jede Strategie auch an ihre Grenzen stoßen kann. Blitzschnell sind wir dann in der Lage, die Strategie zu wechseln. Auch lernen wir, unsere Strategien an die Personen und Situationen anzupassen.

Und dennoch: Bei aller Bewunderung für die schnelle kindliche Auffassungsgabe und Flexibilität in puncto strategischer Konfiktbewältigung sollten wir nicht übersehen, dass es sich dabei lediglich um Variationen von zwei Grundmustern handelt: Angriffs- und Opfer-Strategie. Und zwischen diesen beiden Mustern gibt es, so wurde oben bereits gezeigt, mehr Gemeinsamkeiten als Unterschiede:

➡ Verantwortung wird delegiert. Schuld haben immer andere oder aber die Umstände. Daraus folgt zwingend: Ich bin Opfer und habe Recht. Recht wird gefertigt.

➡ Da sich die andere Konfliktpartei nicht gemäß der eigenen Wünsche verhält, muss sie dahin gedrückt werden, sich „richtig" zu verhalten. Und da ich Recht habe, richte ich darüber, was richtig ist. Der Druck wird so lange intensiviert, bis das jeweilige Gegenüber von der „Richtigkeit" meiner Auffassung überzeugt ist und sich meinen Forderungen und Wünschen gemäß verhält.

Jetzt wird deutlich, warum wir diese beiden Strategien lediglich als zwei Seiten einer Medaille betrachten und die Medaille den Namen trägt: Konfrontative Konfliktbewältigung.

Es findet ein Wettkampf um Recht und Unrecht, um richtig und falsch und gut und böse statt. Und da sich in einem konfrontativen Konflikt die Auffassungen der beteiligten Parteien darüber, was richtig und falsch sei, diametral gegenüberstehen, wird wechselseitig Druck ausgeübt, um die eigene Auffassung gegen die andere Partei durchzudrücken. Das Ergebnis dieses Drückens ist natürlich ein Nullsummenspiel: DU oder Ich, nur einer kann gewinnen.

11. „Atmen Sie tief durch ..."
Schlussbemerkungen

Jeden Tag ertappen auch wir Autoren uns dabei, wie sehr wir diese Strategien von Angriffs- und Opfer-Strategie verinnerlicht haben. Immer wieder müssen wir feststellen, wie sehr auch wir die Denk- und Gefühlsmuster übernommen haben, die zur konfrontativen Konfliktaustragung führen: Ich habe Recht; meine Sichtweise ist richtig; ich sehe das objektiv; ich bin dein Opfer. Und aus diesen Grundannahmen folgt zwingend: Du hast Unrecht; du siehst das falsch; deine Sichtweise ist subjektiv verzerrt und du bist schuld, dass es mir schlecht geht – du bist Verursacher und damit Täter! Diese eingeschliffenen Denk- und Gefühlsmuster bilden die Basis unserer Konflikt-Strategien, die ein „DU oder ICH" im Konflikt zwangsläufig zur Folge haben. Aus den Gedanken und Gefühlen des „Ich habe Recht" ergibt sich zwingend der Druck, den wir auf den jeweiligen Konfliktpartner ausüben, damit dieser sich unserer „objektiven" Sichtweise anschließt. Und wenn sich der Kontrahent beharrlich weigert, seinen falschen Stand-punkt trotz unseres Drückens und Schiebens zu verlassen, dann muss er eben durch Intensivierung des Drucks gewaltsam dazu bewegt werden. Unsere innere Haltung des „Ich habe Recht" bildet die Grundlage unserer äußeren Haltung des Drückens und Schiebens.

Wenn wir im zweiten Hauptteil des Buches Wege hin zur kooperativen Konfliktbewältigung vorstellen möchten, dann geht es uns primär nicht um Techniken, Tipps oder Rezepte. Die Frage der sozialen Handlungskompetenz im Konflikt – der konstruktiven Konfliktbewältigung – ist vielmehr eine Frage der inneren Einstellung. Wir müssen uns von der tief verinnerlichten Haltung des „Ich habe Recht" verabschieden. Dann – und nur dann – können wir auch unsere automatisierten Konfliktmuster des Drucks und der Konfrontation ablegen.

Doch unsere Einstellungen und Haltungen können wir nicht wie Kleider wechseln. Was wir in Jahrzehnten gelernt und bestätigt bekommen haben, lässt sich nicht in einigen Tagen, Wochen oder auch Monaten ändern und ersetzen. Wir brauchen einen langen Atem:

Stellen Sie sich vor, Sie neigen zu einer leichten Heiserkeit. Nach einigen Besuchen bei Fachärzten, die Ihre Stimmbänder ohne negativen Befund untersucht haben, landen Sie bei einer Logopädin. Schnell stellt sich heraus, dass die Ursache Ihrer latenten Heiserkeit eine falsche, weil zu flache Atmung ist. Ihre Atmung vollzieht sich in der Regel automatisch. Sie atmen tausendfach am Tag aus und ein, ohne sich der damit verbundenen physiologischen Vorgänge bewusst zu sein. Und wenn nach dreißig Lebensjahren eine Logopädin mit Ihnen eine tiefere Atmung einübt, dann erfordert Ihr erster Schritt in diese Richtung Bewusstheit. Immer wieder müssen Sie sich Ihrer Atmung besinnen und diese durch einen bewussten Prozess in tiefere Regionen Ihres Körpers lenken. Und nur, wenn Sie in der Folgezeit die tiefe Atmung auch regelmäßig trainieren, kann Ihnen der Schritt von der anfänglichen Bewusstheit zur alltäglichen unbewussten Gewohnheit gelingen: Die tiefe Atmung verselbstständigt sich. Der Körper gewöhnt sich an die neuen Vorgänge. Das seelische Erleben wird bei tieferer Atmung intensiver; die Heiserkeit nimmt ab. Der ursprüngliche Automatismus der flachen Atmung wird abgelöst durch den neuen Automatismus der tiefen Atmung. Aber bis dahin braucht es neben der anfänglichen Bewusstheit vor allem eines: einen langen Atem – also Übung, Übung, Übung.

Ähnlich verhält es sich mit unserem Konfliktverhalten. Zu sehr haben wir die eingeschliffenen Mechanismen der Konfrontation im Konflikt verinnerlicht, als dass wir sie ohne Bewusstheit ablegen könnten wie einen Mantel an der Garderobe. Sie sind uns fast zur zweiten Haut geworden.

Grundvoraussetzung für den kooperativen Umgang in Konflikten ist Bewusstheit. Ohne Bewusstheit keine Kooperation.

Das Beispiel mit der Atmung entmutigt Sie? Der Weg zu einem veränderten Konfliktverhalten kommt Ihnen zu langwierig und beschwerlich vor? Dann denken Sie an Ihre ersten Auto-Fahrstunden zurück! Wie viel Bewusstheit war notwendig, die verschiedenen Vorgänge des Fahrens miteinander zu koordinieren. Das Training, das für den Übergang von der Bewusstheit zum unbewussten Fahren notwendig war, haben Sie erst nach der bestandenen Fahrprüfung durchgeführt. Und wie fahren Sie jetzt? Fragen auch Sie sich manchmal nach dem Überqueren einer Ampel, ob diese auch tatsächlich grün war? Sie fahren Ihr Auto zu mehr als 99% unbewusst und intuitiv. Die anfängliche Bewusstheit, die in den ersten Fahrstunden ebenso anstrengend wie überlebensnotwendig war, haben Sie nach und nach ablegen können. Sie ist einem unbewussten Automatismus gewichen.

Den ersten wichtigen Schritt der Bewusstheit bezüglich unseres Konfliktverhaltens haben wir bereits hinter uns gebracht: In diesem ersten Hauptteil des Buches haben wir unsere eingeschliffenen konfrontativen Strategien und die sie begründenden Einstellungen kennen gelernt. Vermutlich haben Sie sich in den vielen Beispielen, die wir zur Erläuterung herangezogen haben, immer wieder selbst entdeckt. Vielleicht sind Sie sich dessen bewusst geworden, dass viele dieser konfrontativen Konflikt-Strategien auch zu Ihrem alltäglichen Handlungs-Repertoire gehören. In den beiden folgenden Hauptteilen unseres Buches wagen wir den Schritt zur kooperativen Konfliktbewältigung: Der längste Weg beginnt mit dem ersten Schritt.

II

Du *und* Ich

Kooperation im Konflikt

12. Und tschüss: „Das siehst du falsch!"
Wahrnehmung und Wirklichkeit

Wir betrachten eine Rose bei Tageslicht und sagen: *„Diese Rose ist rot."* Wir bleiben auch bei dieser Aussage, wenn unsere Rose in der Dämmerung grau erscheint. Und wir bedauern den „Farbenblinden", der eine andere Wahrnehmung dieser Rose hat. Dabei übersehen wir die Tatsache, dass Farbe keine Eigenschaft eines Gegenstandes (hier: der Rose) ist, sondern dass eine Farbe erst in einem komplizierten vielschichtigen Prozess in unserem Gehirn entsteht. Die Schaffung von Farben wird bedingt und beeinflusst durch unsere Entwicklung und Erfahrungen.

Farben sehen und Farben unterscheiden ist wie unsere gesamte Wahrnehmung ein komplizierter Interpretationsprozess der Informationen, die in diesem Fall über unser Auge ins Gehirn gelangen. Bei diesem komplexen Prozess werden Informationen gefiltert, teilweise reduziert: Stellen Sie eine Rose in einer Vase auf einen Tisch und fordern Sie eine Gruppe von Personen auf, diese Rose möglichst naturgetreu zu malen. Ungeübte Zeichner und Maler werden die Rose mit einheitlich roter Blüte malen. Nur geschulte Augen sehen die unterschiedlichen Rottöne in Licht- und Schattenbereichen. Das differenzierte Wahrnehmen auch feinster Farbdifferenzierungen auf einem Rosenblatt ist das Ergebnis von bewusstem Sehen – bewusstes Sehen ist lern- und trainierbar. Geübte Zeichner müssen zunächst einmal geübte „Seher" sein. Nur gute „Seher" sind bei entsprechender malerischer Praxis in der Lage, die wahrgenommenen Farbtöne auch künstlerisch umzusetzen.

Neben unserer Übung beeinflussen weitere Faktoren unsere Farbwahrnehmung. So spielt auch das Umfeld einer wahrgenommenen Farbe eine wichtige Rolle. Sie kennen alle in Variationen das folgende Phänomen: Der gleiche orange Pullover, der Ihnen so fantastisch steht, wirkt an Ihrer Freundin grell und lässt deren Gesicht fahl erscheinen. Oder: Der braun-beige Läufer, der so vornehm auf dem Holzparkett des Einrichtungshauses aussah, verwandelt sich auf dem häuslichen blauen Wohnzimmerteppich in einen ältlich und grau wirkenden Vorleger.

Nehmen Sie ein rotes Blütenblatt einer Rose und legen Sie dieses nacheinander auf ein rotes, grünes, schwarzes, blaues oder graues Blatt Papier und vergleichen Sie die farbliche Wirkung. Sie werden überrascht sein, wie unterschiedlich das Rot vor dem jeweiligen Hintergrund wirkt. Und dann fragen Sie sich erneut: *„Ist die Rose rot?"*

Jetzt werden Sie einwenden, dass es aber doch möglich ist, mit wissenschaftlichen Methoden die Farbpigmente des Blütenblatts zu bestimmen. Natürlich ist das möglich. Aber was sagt eine wissenschaftliche Analyse der Pigmentierung über unsere Farbwahrnehmung aus? Nichts. Die Unterschiedlichkeit der Wahrnehmung wird in unseren Gehirnen erst produziert: Hier wird die subjektive Wirklichkeit durch Wahrnehmung erschaffen. Unsere Wirklichkeit ist das, was wir uns vor dem Hintergrund eines komplexen Zusammenspiels von Erfahrungen, Eindrücken, Interpretationen etc. aus unserer Perspektive erschaffen.

Die Farbe der Rose entsteht erst in unserem Gehirn. Und da Wahrnehmung keine Abbildung ist, sondern Bildung – keine Reaktion sondern Aktion –, gibt es keine absolute Objektivität. Wahrheit ist, was wir für wahr nehmen.

Ein letztes Beispiel: Stellen Sie ein Glas mit einem Fassungsvermögen von 0,2 Liter auf den Tisch und füllen Sie es mit 0,1 Liter Wasser. Sie können eine exakte Bestimmung der Füllmenge vornehmen, und dennoch ist für den einen das Glas halb voll und für den anderen halb leer. Und beide Personen haben Recht. Denn jeder Betrachter schafft sich seine eigene Wirklichkeit der objektiv messbaren 0,1 Liter Flüssigkeit. Und in jede Wahrnehmung fließen Erfahrungen, Projektionen und Wünsche ein. Das Glas ist für den einen halb voll, so wie es für den anderen halb leer ist. Ein Streit darüber, wer von beiden Recht hat, ist müßig.

Der Autor Reinhard Sprenger hat ein spannendes Buch über Motivation geschrieben: „Das Prinzip Selbstverantwortung". Wir haben daraus einige seiner Überlegungen zur Selbstverantwortung übernommen und auf den Bereich der Konflikte übertragen. Sie bilden eine der gedanklichen Grundlagen der folgenden Seiten.

Der Satz *„Ich habe Recht",* den wir im ersten Hauptteil des Buches noch an den Pranger gestellt haben, muss zwingend rehabilitiert werden. *„Ich habe Recht!"* Stimmt! Meine Sichtweise des Konflikts ist richtig. Denn wenn wir die Wirklichkeit nicht in unserem Gehirn abbilden, sondern dort erst erschaffen, dann kann es auch keine falsche Wahrnehmung der Wirklichkeit geben:

Es gibt keine Falsch-Nehmung. Jede Wahrnehmung ist subjektive Wahrheit. In der Konsequenz heißt das: Es gibt auch keine falsche Wirklichkeit.

Doch jede Ableitung aus diesen Gedankengängen im Sinne von *„Wenn ich Recht habe, dann siehst bzw. machst du das falsch"* objektiviert und verabsolutiert die eigene Wahrheit und Wirklichkeit. Die Einstellung *„Du siehst / machst das falsch"* unterstellt, dass es eine objektive Wirklichkeit gibt, die richtig oder falsch wahrgenommen werden kann. Und da wir im Konfliktfall stets von der Richtigkeit unserer eigenen Wahrnehmung überzeugt sind – was ja auch stimmt! –, ist es nahe liegend, dem Konfliktpartner eine falsche Perspektive und demnach eine Falschnehmung zu unterstellen: *„Wenn ich Recht habe, musst du Falsch haben."*

Natürlich gibt es auch Konflikte, in denen sich zwei Parteien darüber streiten, ob im Vertrag xy der Punkt z aufgeführt ist, oder nicht. Mit einem einzigen Blick in den Vertrag ließe sich feststellen, wer von den beiden Kontrahenten denn nun Recht hat. Ganz objektiv. Der Konflikt scheint gelöst durch die Beantwortung der Rechtsfrage. Doch der Schein trügt. Warum haben sich die beiden Personen gestritten? Was ist der eigentliche Grund ihres Streits? Wenn es rein rational zugegangen wäre, hätten sie sich gar nicht streiten dürfen, sondern beide hätten nüchtern festgestellt, dass sie abweichende Erinnerungen an den ratifizierten Vertrag haben und bei nächster Gelegenheit in dem Papier nachschauen werden. Folglich hätten sie gar keinen Konflikt miteinander gehabt, sondern nur unterschiedliche Wahrnehmungen, die sie sich wechselseitig mitgeteilt hätten, um sie anschließend sachlich zu überprüfen. Doch de facto haben sich die beiden Kontrahenten nicht sachlich ausgetauscht und sich wechselseitig ihre unterschiedlichen Erinnerungen kommuniziert, sondern heftig darüber gestritten, wer denn nun Recht habe. Der Konflikt hat also eine emotionale Ebene, die mit der faktischen Klausel in dem Vertrag nichts zu tun hat. Die strittige Klausel war der **Anlass**, aber nicht der **Grund** ihres Streits. Die beiden haben – so scheint es – ein aktuelles oder auch dauerhaftes Beziehungsproblem. Und für diese eigentliche Ebene des Konflikts – die emotionale Ebene – gilt, was wir oben schon festgestellt haben: Beide haben Recht, und das ungeachtet dessen, was konkret in dem Vertrag steht.

Erinnern wir uns an ein anderes Beispiel: Den Konflikt um die Haare im Bad. Astrid hatte in allem Stress vergessen, ihre Haare im Waschbecken zu beseitigen und die Zahnpastatube zuzuschrauben. Mareike hat daraufhin ihre Wohngenossin zur Rede gestellt. Versuchen wir, Wahrheit und Wirklichkeit des Konflikts zu ergründen:

Mareike wird sagen: *„Tatsache ist, dass wir uns darauf geeinigt haben, dass die Haare im Bad von der Verursacherin beseitigt werden. Ich habe also objektiv gesehen Recht in dem Konflikt."*

Astrid wird antworten: *„Die Tatsache der Vereinbarung stelle ich nicht in Frage. Das haben wir wirklich gemacht. Aber in extremen Situationen wie meiner Prüfungsangst muss es doch mal möglich sein, Ausnahmen machen zu können, ohne vor ein Hohes Gericht gestellt zu werden. Und außerdem hat Mareike auch schon Vereinbarungen nicht eingehalten."*

Wie verhält es sich nun mit der Wahrheit? Gibt es eine objektive Wirklichkeit in dem Konflikt, die für beide Freundinnen gleichermaßen gültig ist? Einverstanden: Es gibt eine Vereinbarung zwischen den beiden Freundinnen. In diesem Punkt teilen sie die gleiche Wahrnehmung. Beide sagen: *„Ja, eine Vereinbarung gibt es wirklich."* Durch die gemeinsame Erinnerung bekommt die Vereinbarung den Rang einer Tatsache. Aber dann hört die ähnliche Wirklichkeit, die ähnliche Perspektive, auch schon auf. Mareikes Wirklichkeit, nämlich ihre Einstellung zu dieser Vereinbarung, wird ungefähr so aussehen: *„Vereinbarung ist Vereinbarung. Bei den Haaren im Bad darf es keine Situation geben, die ein Abweichen von der Vereinbarung erlaubt. Die Vereinbarung ist unumstößlich. Eine Ausnahmeregelung ist nicht möglich."*

Das ist Mareikes subjektive Wahrheit. Es sind ihre Gedanken und Gefühle, die sie mit der Vereinbarung verbindet. Sie erschafft sich mit ihren Gedanken und Gefühlen ihre eigene Wirklichkeit der Vereinbarung. Ihre Wirklichkeit ist richtig. Mareike hat Recht: Für sie heißt Vereinbarung, dass es in puncto Haare keine Ausnahme geben darf.

Astrid dagegen hat eine andere Vereinbarung getroffen: *„Eine Vereinbarung ist kein Dogma. In Extremsituationen wie meiner muss es Ausnahmen geben können. Und wenn sich Mareike so sklavisch an Vereinbarungen klammert, dann sollte sie diese auch in anderen Bereichen einhalten."*

Astrid schafft sich eine andere Wirklichkeit. Und auch sie hat Recht: Ausnahmen müssen möglich sein.

Sie sehen: Allein die Tatsache, dass es eine Vereinbarung gibt, hilft nicht weiter, **die** Wirklichkeit zu definieren. Denn jede Tatsache ist mit Gedanken, Gefühlen und daraus abgeleiteten Urteilen behaftet. Und da die beiden Freundinnen mit ihren unterschiedlichen Gedanken und Gefühlen die Tatsachen in ihrem Gehirn erst erschaffen, kann es keine Objektivität geben. Auch wenn Mareike und Astrid anerkennen, dass es in der Tat eine Vereinbarung über die Haare im Bad gibt, dann besagt das noch nichts über den Kern ihres Konflikts. Denn die Vereinbarung wird von ihnen unterschiedlich erlebt – und damit geschaffen.

Für Mareike haben gemeinsame Vereinbarungen offensichtlich einen anderen Stellenwert als für Astrid. Vielleicht ist Mareike in einem Elternhaus aufgewachsen, in denen Regeln strikt eingehalten werden mussten und Abweichungen nicht geduldet wurden. Und vermutlich hat Astrids Sozialisation anders ausgesehen: Regeln wurden vereinbart, um das Zusammenleben zu erleichtern. Doch wenn die getroffenen Vereinbarungen das Leben erschwert haben, durften sie großzügig ausgelegt werden ...

Daraus folgt: Mareikes und Astrids jeweiliges Erleben der Vereinbarung ist im höchsten Maße subjektiv und emotional. Um also künftig weiteren Streit um die Haare im Bad zu vermeiden, müssten sich Mareike und Astrid darüber verständigen, welche Bedeutung die getroffene Vereinbarung für jede von ihnen hat. Sie müssten ihre Standpunkte, die sehr weit voneinander entfernt zu sein scheinen, annähern, um eine ähnliche Perspektive einnehmen zu können. Mit anderen Worten: Die beiden Freundinnen müssten ihre Vereinbarung immer weiter präzisieren. Sie müssten ihre jeweiligen Sichtweisen, Erfahrungen und Wahrnehmungen in den Konflikt einbringen und alle Möglichkeiten und Details durchsprechen. Anschließend müssten sie Verhaltensoptionen festlegen.

Und dennoch: Bei aller Präzisierung werden sie niemals an den Punkt kommen, dass sie einen identischen Standpunkt vertreten können. Sie werden damit leben müssen, dass es auch künftig unterschiedliche Wahrnehmungen und damit auch Konflikte bezüglich der Haare im Bad geben kann.

Aus all diesen Überlegungen wird deutlich: Die konstruktive Bewältigung von Konflikten ist keine Frage der richtigen Anwendung von Gesprächstechniken wie „Ich-Botschaften" oder „Aktives Zuhören". Sie setzt vielmehr eine innere Einstellung voraus, die sich aus den oben skizzierten Gedanken über die Subjektgebundenheit von Wirklichkeit ergibt. Ohne die innere Haltung, dass es in einem Konflikt keinen richtigen oder falschen Standpunkt geben kann, ist eine kooperative Konfliktlösung nicht möglich.

Nur wenn wir anerkennen, dass _jede_ Wahrnehmung ein richtiges Nehmen von Wahrheit ist, können wir aufhören, den jeweiligen Konfliktpartner gewaltsam in unsere Richtung ziehen zu wollen, damit er unsere Sicht der Wirklichkeit teilt. Es gibt keine Falschnehmung und auch keine objektive Wirklichkeit.

Deshalb sollten wir uns immer wieder fragen: Wollen wir frei sein oder Recht haben? Da es keine objektive Wirklichkeit gibt, müssten wir oft in Lachen ausbrechen angesichts der Tatsache, dass wir uns immer wieder so verhalten, als gäbe es sie.

Die Einstellung _„Du handelst falsch"_ führt zum Urteil _„Du darfst so nicht handeln, sondern musst das so machen, wie ich das für richtig halte"_ und von dort zum Druck: _„Wenn du das nicht freiwillig tust, dann muss ich dich auf meinen Standpunkt drücken."_

So führt Mareikes urteilende Einstellung _„Astrid macht das falsch, wenn sie die Haare im Bad gegen die Vereinbarung liegen lässt"_ dazu, dass sie Druck ausübt, um ihre Freundin von ihrer Falschheit wegzubringen. Und Astrids urteilende Gedanken _„Mareike hat kein Recht, mich so anzupflaumen"_ führen unverzüglich zum Gegendruck in Form von Gegenangriff oder Opfer-Strategie.

Noch einmal: Es geht uns bei der kooperativen Konfliktbewältigung primär um innere Einstellungen.

Die Basis der konstruktiven Konfliktbewältigung ist zunächst die innere Haltung des „Jeder hat Recht" – eine Einstellung des „ICH und DU" statt „ICH oder DU".

Und vielleicht entdecken wir hinter der Fassade von Rechthaberei unsere wahren Wünsche und Bedürfnisse: Niemand hat Recht, aber jeder hat Bedürfnisse.

„Jeder hat Recht." Wenn wir diese Einstellung in unseren Seminaren äußern, regt sich massiver Widerspruch. Denn einer Beliebigkeit scheinen Tür und Tor geöffnet. Extreme Beispiele werden angeführt: *„Wenn ein Mensch einen anderen mit dem Messer verletzt, hat er nicht Recht. Dieses Verhalten muss ich verurteilen."* Natürlich! Bei der Frage der Menschenrechte haben wir keinen Dissens. Es gibt Konflikte, in denen ist ein konfrontatives Vorgehen unumgänglich, z.B. in extremen Bedrohungssituationen. Aber diese Situationen sind nicht der Bezugsrahmen unseres Buches. Wir behandeln berufliche oder private Alltagskonflikte.

Und schon folgt der nächste Einwand: *„Und wenn ein Mitarbeiter gegen allgemeine Werte unseres Unternehmens verstößt, dann muss ich selbstverständlich dessen Verhalten verurteilen."* Moment! Erstens machen Sie sich zum Opfer des Mitarbeiters, wenn Sie verurteilen „müssen". Es ist immer noch Ihre Entscheidung. Und zweitens sagen wir überhaupt nicht, dass Sie das Verhalten anderer Menschen nicht verurteilen dürfen. Wenn wir das täten, würden wir unsere bisherige Argumentation vollkommen auf den Kopf stellen, denn auch wir würden urteilen: *„Sie handeln falsch, wenn Sie andere Personen verurteilen."* Wir möchten Ihnen lediglich die wahrscheinlichen Konsequenzen für den Konfliktverlauf aufzeigen, die Sie mit Ihrer Verurteilung provozieren – nämlich dass die Konflikte konfrontativ verlaufen werden. In manchen Konflikten mag die Konfrontation eine angemessene Strategie sein, das bezweifeln wir nicht. Nicht jeder Konflikt ist kooperativ lösbar!

Aber: Selbstverantwortung zu übernehmen und Selbstkompetenz im Konflikt zu zeigen heißt, bewusst zwischen verschiedenen Konflikt-Strategien wählen zu können, statt eingeschliffene Konfliktgewohnheiten wie ein Roboter automatisch abzuspulen.

Wenn Sie sich also dazu entschließen, kooperativ in dem Konflikt vorzugehen, dann geht das nur auf der Basis der Einstellung *„Auch mein Konfliktpartner hat aus seiner Sicht Recht. Ich möchte seine Perspektive kennen lernen, um anschließend die unterschiedlichen Standpunkte anzunähern und den Konflikt dadurch zu bewältigen."*

Auf unser Beispiel der allgemeingültigen Unternehmenswerte übertragen heißt das: Die Handlungen des Mitarbeiters, die gegen allgemeingültige Werte des Unternehmens verstoßen, werden aus einem zunächst nur für ihn selbst einsichtigen Grund geschehen sein. Diese Einsicht teile ich noch (?) nicht. Ich werde mich aber zunächst einmal darum bemühen, seine Perspektive kennen zu lernen. Anschließend werde ich sehen, ob und ggf. wie ich die Werte des Unternehmens in den Konflikt einbringen kann, um zu einer gemeinsamen Lösung zu gelangen.

Doch an diesem Punkt ist Vorsicht geboten: Wenn Sie sich in dem Konflikt hinter der „unumstößlichen Allgemeingültigkeit der Unternehmenswerte" verschanzen, dann verabsolutieren Sie automatisch Wahrheit. Sie heben die Werte auf einen Sockel, erklären sie für einzig richtig, verurteilen die Handlungen des Mitarbeiters als falsch und werden Zwang ausüben, damit er sich wertekonform verhält. Das können Sie natürlich machen, aber Ihre Vorgehensweise ist dann nicht mehr kooperativ – sie ist konfrontativ.

Um dieser Konfrontationsfalle zu entgehen, müssen Sie einen Blick hinter die Werte werfen. Denn dort verbergen sich Interessen. Nehmen wir einmal an, dem besagten Mitarbeiter wird unterstellt, die Teamarbeit durch eigenmächtiges Handeln und Arbeiten zu untergraben. In Ihrer Unternehmensabteilung jedoch wird Teamarbeit verlangt. Die Arbeitsweise des Kollegen steht im Widerspruch zu den Werten des Unternehmens, die auf Teamarbeit abzielen. Zwischen Ihnen, der Sie für Umsetzung dieser Werte des Unternehmens in Ihrer Abteilung verantwortlich sind, und Ihrem Mitarbeiter besteht ein Konflikt. Wollen Sie diesen Konflikt kooperativ lösen, dann müssen Sie sich zunächst einmal darum bemühen, den Standpunkt des Kollegen zu verstehen: *„Warum arbeitet der so? Welche Interessen verbergen sich hinter seiner Handlung?"* Andererseits müssen Sie auch bereit sein, Ihre eigenen Interessen und die Ihres Unternehmens, die sich hinter dem Wert der Teamarbeit verbergen, in den Konflikt als Ihren Standpunkt einzubringen: z.B. Kreativitätsfluss, Wissensakkumulation oder auch Kooperation als Basis für Effizienz. Ihre konstruktive Konfliktbewältigung sollte darauf ausgerichtet sein, dass der Mitarbeiter den Wert der Teamarbeit einsieht und für sich und sein künftiges Handeln verbindlich übernimmt. Mit anderen Worten: Ziel der konstruktiven Konfliktbewältigung ist es, den Mitarbeiter zur selbstverantwortlichen Akzeptanz der Unternehmenswerte zu bewegen. Nur dann haben Sie eine relative Gewissheit, dass sich der Mitarbeiter künftig kooperativ verhält, ohne dass Sie ihn fortwährend dazu zwingen müssen.

Diese Vorgehensweise setzt voraus, dass Werte und die dahinter verborgenen Interessen in einem Konflikt zur Disposition stehen. Sie müssen erklärt werden und verhandelbar sein. Selbstverantwortung des Mitarbeiters heißt: Dieser muss die Möglichkeit haben, sich für die Respektierung der Werte zu entscheiden. Werden Werte jedoch als unumstößlich festgesetzt, dann gibt es für den Mitarbeiter keine Wahlmöglichkeit. Er wird gezwungen. Die durch Zwang gefundene Lösung des Konflikts ist weder einvernehmlich noch tragfähig. Sie müssen den Kollegen ständig überwachen und ihn gegebenenfalls durch Druck erneut zur Teamarbeit zwingen. Dieser Druck wird Sie viel Energie kosten: Sie drücken nicht nur Ihren Mitarbeiter, Sie drücken sich indirekt selbst.

Eine kooperative Vorgehensweise in einem „Werte-Konflikt" verlangt, dass die darin enthaltenen Interessen benannt, erklärt und als Standpunkt behandelt werden, der verhandelbar ist. Konkret: Sie müssen dem Mitarbeiter unter Umständen zugestehen, dass er auch künftig seine Form der individuellen Arbeit einer Teamarbeit vorziehen darf. Wenn Sie ihn nicht zwingen möchten, sollten Sie mit ihm gemeinsam nach Lösungen suchen, die mit seinen und den Vorstellungen des Unternehmens vereinbar sind. Sie haben ein gemeinsames Problem, also sollten Sie auch gemeinsame Lösungen anstreben.

Wenn Sie Werte als verhandelbar deklarieren, setzen Sie auf die Selbstverantwortung des Mitarbeiters; erklären Sie Werte für allgemeingültig und unumstößlich, setzen Sie auf Druck und Zwang. Sie entscheiden!

Noch einmal sei betont: Wir halten die Konfrontation in manchen Situationen für unumgänglich. Es gibt unveräußerliche Menschenrechte, die nicht verhandelbar sind! Und es gibt Werte, die stehen nicht zur Disposition. Und vielleicht ist für Sie oder Ihr Unternehmen Teamarbeit ein unveräußerlicher Wert. Dann steht dieser Wert nicht zur Verhandlung. Wenn der Mitarbeiter die Teamarbeit für sich nicht akzeptieren kann, werden Sie diese einfordern müssen, indem Sie konfrontativ gegen ihn vorgehen. Sie entscheiden! Aber treffen Sie Ihre Entscheidung bewusst. Denn Selbstkompetenz und Verantwortung im Konflikt bedeuten, dass Sie zwischen verschiedenen Strategien wählen können und nicht zwanghaft den alten Mustern von Angriff und Flucht folgen müssen.

Wir haben immer die Wahl zwischen Verurteilung und Respekt. Wählen wir die Verurteilung, kommt es zur Konfrontation. Mit der respektvollen Einstellung dagegen können wir unsere Interessen so verfolgen, dass wir durch Annäherung der Standpunkte gemeinsame Konfliktlösungen finden können.

13. Und tschüss: „Du bist schuld! Ich bin schuld!"
Raus aus der Opferrolle

Im ersten Hauptteil des Buches (**„ICH oder DU"**) haben wir gezeigt, dass sich hinter den beiden konfrontativen Strategien – der Angriffs- wie der Opfer-Strategie – Opferhaltungen verbergen. Die Verantwortung für den Konflikt wird an andere Personen oder besondere Umstände delegiert. Schauen wir uns einmal typische Redewendungen an, wie sie uns im Zusammenhang mit Konflikten so oder so ähnlich jeden Tag begegnen und eine Opfermentalität offenbaren:

➜ *„Du hast schließlich angefangen ..."*
➜ *„Wenn man mich reizt, raste ich aus."*
➜ *„Der hat mich blöd angeschaut, und da habe ich ..."*
➜ *„Du bringst mich auf die Palme mit deiner ..."*
➜ *„Wenn ich das höre, werde ich sauer."*
➜ *„Ich werde traurig, wenn du das sagst."*
➜ *„Du machst mich wütend."*

Opferhaltungen sind tief verinnerlicht. Es fällt uns leichter zu leiden oder anzugreifen, als selbstverantwortlich zu handeln. Denn Selbstverantwortung und die damit verbundenen Denkweisen stellen unser gesamtes System auf den Kopf, das wir so mühsam gelernt haben: *„Die anderen sind schuld, wenn es mir schlecht geht."* Ebenso „schädlich" ist aber die Gewohnheit, sich selbst die Schuld zu geben: *„Ich bin schuld, ich hätte das nicht tun sollen."* Denn auch die Selbstverurteilung hält uns davon ab, verantwortlich zu werden. Wir können ja mit der Währung „Schuld" eine Zeit lang bezahlen und wir wissen: Leiden ist leichter als Handeln.

Wer anderen oder sich die Schuld gibt, will leiden und nicht handeln.

Zur Erläuterung ein einfaches Beispiel:
Sie sind mit einer Person verabredet, auf die Sie bereits seit 20 Minuten warten. Sie werden sauer. Auf den ersten Blick werden Sie sagen: *„Ich bin sauer, weil die andere Person zu spät kommt und mich warten lässt!"*

Doch horchen Sie einmal in sich hinein. Warum sind Sie sauer?

→ Sie sind sauer, weil Sie sich beeilt haben und andere Tätigkeiten abgebrochen haben, um pünktlich zu sein.

→ Sie sind sauer, weil Sie denken, sinnvollere Dinge mit Ihrer Zeit anfangen zu können.

→ Sie sind sauer, weil Sie an dem verabredeten Treffpunkt in der Kälte stehen.

→ Sie sind sauer, weil Sie denken, dass sie missachtet werden.

→ Sie sind sauer, weil Sie sich abhängig fühlen.

→ Sie sind sauer, weil Sie sich auf das Treffen gefreut haben.

Alles das sind Gefühle, die in Ihnen selbst begründet sind. Ihre Gefühle sind gekoppelt an Ihre Erwartungen, Bedürfnisse und Wünsche. Die andere Person ist lediglich der Auslöser, nicht der Grund Ihres Ärgers. Sie könnten ja auch gehen. Warum also warten Sie? Weil Ihnen die gemeinsame Zeit wichtig ist. Sie haben also gewählt. Sie sind kein Opfer, sondern eine handelnde Person. Wer gewählt hat, hat aus mehreren Optionen die ihm optimal erscheinende herausgesucht.

→ Es ist also Ihre Priorität, zu warten statt zu gehen. Sie nehmen die Wartezeit auf sich, weil Ihnen die möglichen Vorteile eines gemeinsamen Treffens wichtiger sind als die Nachteile des Gehens. Es ist also **Ihre** Entscheidung.

→ Was ist mit der Intensität Ihres Ärgers? Von welchen Faktoren hängt diese ab? Von Ihren Bewertungen der Person. Je mehr Schuldhaftigkeit und gegen Sie gerichtete Böswilligkeit Sie der verspäteten Person unterstellen, desto größer Ihr Ärger. Er wächst also mit dem Grad **Ihrer** unterstellten Schuldzuschreibung. Wenn Sie der verspäteten Person absichtliche Verspätung unterstellen, sind Sie nicht nur ärgerlich, sondern wütend. Aber es sind **Ihre** Unterstellungen und **Ihre** Bewertungen.

→ Und je mehr Stress Sie heute hatten, desto heftiger das Gefühl des Ärgers. Aber wohlgemerkt: Es war **Ihr** Stress.

→ Und je höher Ihre Erwartung, die Sie an das heutige gemeinsame Treffen geknüpft haben, desto größer **Ihre** Enttäuschung.

→ Ebenso gilt: Je größer Ihre emotionale oder sachliche Abhängigkeit von der verspäteten Person, desto größer Ihr Ärger. Die verspätete Person kann nur das auslösen, was Sie in sich selbst durch **Ihre** Erwartungen, Bedürfnisse, Erfahrungen, Erlebnisse und Bewertungen begründet haben.

Was würde passieren, wenn Sie, während Sie auf die verspätete Person warten, in einer Zeitung zufällig einen superspannenden Zeitungsartikel finden, dessen Inhalt Sie unbedingt für die Vorbereitung einer Rede am nächsten Tag brauchen? Sie versinken in dem Artikel und vergessen die Zeit vollkommen. Dann wäre Ihr Ärger wie weggeblasen, weil Ihre gesamte Bewertung der Situation und Person hinfällig wäre. Ihre Wertungen (*„Die andere Person ist rücksichtslos. Sie handelt falsch!"*), auf denen Sie Ihren Ärger begründet haben, brächen wie ein Kartenhaus in sich zusammen. Ihre Wut wegen der enttäuschten Erwartungen, die Sie bezüglich des Treffens mit der Freundin oder dem Freund hatten, wäre verflogen.

Ein weiteres Beispiel: Sie werden von einer wildfremden Person, die offensichtlich geistesgestört ist, auf offener Straße beschimpft. Welches Gefühl löst diese Person mit ihren Beleidigungen in Ihnen aus? Vermutlich eher Mitleid denn Zorn.

Was aber, wenn eine gute Freundin Sie mit den gleichen Worten beleidigt wie die wildfremde Person? Sie werden wütend. Wo liegt der Unterschied Ihres Gefühls? In **Ihrer** unterschiedlichen Bewertung der beiden Personen – also in **Ihrem** Denken! Eine andere Person kann Sie nur beleidigen, wenn Sie ihr die Macht dazu verleihen. Sie fühlen sich durch die Worte Ihrer Freundin nur deshalb beleidigt, weil Sie Wert auf deren Meinung legen. Und wenn Ihre Freundin Sie mit ihren verletzenden Worten an einem Punkt trifft, an dem Sie besonders empfindlich sind, dann fällt Ihr Ärger umso größer aus. Aber es ist **Ihr** wunder Punkt und nicht der Ihrer Freundin.

Gefühle werden beeinflusst durch unser Denken, und unsere Gefühle beeinflussen unser Denken. Ohne Bewertung gibt es keine Gefühle.

Natürlich sind unsere Gedanken und Gefühle erst einmal Wirklichkeit. Unser Ärger und unsere verurteilenden Gedanken über deren Auslöser – die verspätete Person – sind Tatsachen, die wir nicht tabuisieren sollten. Werden unsere Erwartungen und Wünsche bezüglich des pünktlichen Beginns des Treffens nicht erfüllt, dann ketten wir unseren Ärger zunächst einmal reflexhaft an die verspätete Person: *„Du bist schuld an meinem Ärger. Du machst mich wütend!"* Wir sind sauer auf die verspätete Person!

Die reflexhafte Kettung meiner Gedanken und Gefühle an die andere Person kann nur durch Bewusstheit durchbrochen werden.

Es liegt ausschließlich an mir, welche Erwartungen und Bedürfnisse ich an die andere Person knüpfe. Und es liegt auch in meiner Verantwortung, welche Konsequenzen ich aus meinem Ärger und aus den verurteilenden Gedanken ziehe. Ich kann meinem Ärger, der auf Schuldzuweisung an die verspätete Person basiert, freien Lauf lassen und die Wut destruktiv gegen diese richten, sobald sie erscheint. Doch ich kann meinen Ärger und meine Gedanken auch als Botschafter nehmen, die mir wichtige Nachrichten über mich selbst überbringen können:

→ Mein Ärger oder meine Wut können mir als Hinweis dienen, dass mir das Treffen bzw. die Person wichtig ist. Je größer die Wut, desto höher meine Erwartungen. Meine geballte Faust während des Wartens ist demnach ein Hinweis darauf, dass ich eigentlich viel von der anderen Person bekommen möchte. Hinter der geschlossenen Faust verbirgt sich also eine enttäuschte offene Hand, die von der anderen Person viel empfangen möchte. Es liegt demnach in meiner Verantwortung, ob ich in dem anstehenden Konflikt der anderen Person die Faust entgegenrecke oder ihr die offene Hand zeige und ihr meine Erwartungen, Bedürfnisse und Wünsche mitteile. Die Faust bedeutet Verurteilung, Entwertung und Konfrontation, die offene Hand Respekt und Kooperation.

→ Vielleicht überbringt mir mein Ärger aber auch die Botschaft, dass ich zurzeit derart gestresst bin, dass ich unfähig bin, selbst mit kleinsten Schwierigkeiten souverän umgehen zu können. Wenn ich durch meine Bewusstheit dahin gelange, die Richtung der Energie, die zunächst gefühlsmäßig als Wut destruktiv gegen die verspätete Person gerichtet war, konstruktiv auf mich selbst zu lenken – in mich zu gehen, statt außer mich zu geraten –, dann kann die Ansprache an die verspätete Person respektvoll erfolgen: *„Tut mir Leid, Peter, aber ich bin zurzeit total gestresst und gereizt und kann mit Verspätungen überhaupt nicht umgehen. Ich bin ziemlich geladen. Ich brauche Pünktlichkeit!"* Und vielleicht verhilft mir meine Bewusstheit auch dazu, meine Energie darauf zu verwenden, meinen allgemeinen Stress zu bewältigen und abzustellen, statt verspätete Freunde zu beschimpfen ...

→ Eine weitere Botschaft, die mir mein Ärger über die andere Person überbringen kann, könnte sein, dass ich in der letzten Zeit viele Probleme, die ich mit dem betreffenden Menschen habe, in mich hineingefressen habe. Der Konflikt liegt demnach auf einer tieferen Ebene als der 20-minütigen Verspätung.

Wir haben die Wahl: Wir können bei Ärger in uns gehen oder aus uns geraten. Wir können die Gründe in uns suchen oder die auslösende Person bekämpfen.

Solange wir andere Menschen für unsere Emotionen verantwortlich machen, können wir nicht von der Wippe abspringen – wir machen uns zu Opfern, schieben unseren Partnern die Schuld am Konflikt zu und setzen sie herab. *„Du bist schuld, wenn es mir schlecht geht"* ist nicht nur ein oberflächliches und einfaches, sondern weit verbreitetes und stark verinnerlichtes Denk- und Gefühlsmuster, das wir von klein auf gelernt haben. Denn es ist einfach, in die Opferrolle zu schlüpfen und dem Konfliktpartner die Wut an den Kopf zu knallen. Aber wir machen uns damit unfrei. Wir ermächtigen andere Personen, über unsere Gefühle zu bestimmen.

Warum geben wir unseren Mitmenschen die Macht, uns sauer oder traurig zu machen? Vielleicht weil wir es gewohnt sind, abhängig zu sein. Vielleicht haben wir Angst vor der Freiheit. Denn Selbstverantwortung heißt immer auch, selbst in der Pflicht zu sein und sich ständig zu überprüfen und zu hinterfragen. Bewusstheit ist mühsam. Ich muss den Focus auf mich legen, statt mich meiner Probleme dadurch entledigen zu können, dass ich sie auf andere abwälze.

Und dennoch: Der Weg hin zur Bewusstheit durch Selbstreflexion lohnt sich. Die eigenen Gefühle und Gedanken als Botschafter zu nehmen, die uns wenig über die andere Person, dafür aber viel über uns selbst übermitteln können, bedeutet vor allem eines: handlungsfähig zu werden. Durch Bewusstheit kann ich dazu kommen, die Verantwortung für die eigenen Erwartungen, Bedürfnisse und Wünsche zu übernehmen. Und Bewusstheit ermöglicht mir auch, die Verantwortung dafür zu übernehmen, welche Vorgehensweise ich in einem Konflikt wähle. Ob ich meinen Konfliktpartner respektvoll oder aber respektlos behandle, liegt ausschließlich in meiner Verantwortung. Diese Verantwortung zu übernehmen setzt jedoch voraus, sich der Subjekthaftigkeit der eigenen Gedanken und Gefühle bewusst zu sein. Niemand kann mir meine Gefühle und Gedanken machen (*„Du machst mich wütend!"*), den ich nicht dazu ermächtige. Fremdermächtigung jedoch bedeutet Opferrolle, Abhängigkeit und Ohn-Macht. Nur durch Bewusstheit kann ich andere Personen entmachten, die eigene Opferrolle verlassen und mich selbst ermächtigen.

Selbstverantwortung ist Selbstermächtigung.

Verharre ich in der Opferrolle und mache die Mitmenschen oder die Umwelt für meine Misere verantwortlich, dann stecke ich in einem Dilemma: Mir geht es erst dann wieder gut, wenn ich die Umstände und/oder die Konfliktpartner verändert habe. Welch mühsames Unterfangen! Wie viel Leidensdruck oder aggressives Potenzial muss ich entfalten, um andere zu beeindrucken und dazu zu zwingen, sich zu verändern? Und versetzen wir uns kurz in die Lage der Personen, die wir drücken wollen. Wie würden wir wohl reagieren, wenn von uns mit Druck Veränderungen erpresst würden? Genau: Wir würden Gegenwehr leisten. Druck erzeugt Gegendruck. Entweder wir drücken zurück oder entziehen uns dem Druck – und gehen in die innere Kündigung.

Um wie viel leichter kann es da sein, sich selbst statt die Umwelt zu verändern. Das meint innere Freiheit: Selbstverantwortung statt Opferrolle.

Die Opferhaltung des „Die anderen sind schuld!" oder „Ich bin schuld!" macht unfrei. Die Selbstverantwortung dagegen macht handlungsfähig.

Erneut sei eine Selbstverständlichkeit angefügt: Wir verstehen unter Freiheit und Selbstverantwortung keineswegs, dass Sie alles schlucken müssen. Die Erkenntnis, dass die Gründe in Ihnen selbst liegen, wenn Sie sich bei einer Verspätung Ihres

Freundes oder Ihre Freundin ärgern, heißt nicht, dass Sie nicht handeln sollen. Im Gegenteil: Bitten Sie die Konfliktpartner um Pünktlichkeit. Machen Sie ihnen klar, warum Sie Wert auf Pünktlichkeit legen und wie wichtig Ihnen das pünktliche Treffen ist. Beharren Sie auf der Einhaltung von Absprachen. Kämpfen Sie für Ihr Interesse nach Pünktlichkeit – doch ohne Ihren Freund oder Ihre Freundin zu bekämpfen!

Und wenn Ihr Partner dann immer noch zu spät kommt, dann haben Sie die Wahl:
→ Vielleicht ändern Sie Ihre Einstellung und finden sich mit den Verspätungen ab.
→ Vielleicht kommen Sie selbst mit Verspätung zum Treffpunkt und nutzen so Ihre Zeit.
→ Vielleicht verzichten Sie auf weitere Verabredungen.
→ Oder aber Sie üben Druck auf Ihre Konfliktpartner aus. Denn diese Option bleibt Ihnen immer noch – auch nach mehreren gescheiterten Versuchen der kooperativen Konfliktbewältigung.

Wer das Problem hat, hat auch die Lösung.

Akzeptieren Sie also, dass Sie ein Problem haben, statt dass Ihr Konfliktpartner ein Problem ist. Sie behalten die Macht, sich zwischen verschiedenen Optionen entscheiden zu können. Wenn Sie aber die Einstellung haben, dass Ihr Konfliktpartner das Problem ist, bleibt Ihnen nur die Möglichkeit, diesen zu ändern. Sie sind anhängig und ohnmächtig. Sie verdammen sich durch Ihre innere Haltung zum Druck als einziger Handlungsoption in dem Konflikt: Angriffs- oder Opfer-Strategie.

Der Druck, den Sie auf andere Personen ausüben, ist Ihr Druck. Sie drücken sich selbst!

14. Und tschüss: „Das darfst du nicht!"
Urteile und Werte

Aus dem ersten Gedanken des *„Das siehst bzw. machst du falsch"* folgt der zweite *„Deswegen bist du schuld an dem Konflikt"*. Und reflexhaft entwickeln wir aus diesen beiden Gedanken die Einstellung: *„Das darfst du nicht tun!"* Wie ein Richter nehmen wir in Anspruch, darüber befinden zu können, was die andere Person tun oder lassen soll – eine typische Hoch-Status-Haltung („Hohes Gericht"). Folglich werden wir auch druckvoll dafür sorgen, dass die andere am Konflikt beteiligte Person ihr Handeln so weit ändert, dass sie das tut, was wir ihr erlauben bzw. befehlen (erklären, belehren, überzeugen).

Wir können es nicht oft genug wiederholen: Kooperative Konfliktbewältigung ist zuerst eine Frage der Einstellung und erst zweitrangig und davon abhängig eine Frage der Technik. Die innere Haltung bestimmt die äußere. Es sind unsere urteilenden Gedanken, die unsere innere Einstellung bedingen. Wir können durch Bewusstheit und Selbstreflexion unsere Urteile beeinflussen – denn der Kopf ist rund, damit das Denken die Richtung ändern kann. Wir haben immer die Wahl, unsere innere Einstellung zu überprüfen und zu modifizieren. Wenn wir uns mit der Einstellung *„Das darfst du nicht tun!"* begnügen, dann ist der konfrontative Konfliktverlauf vorgezeichnet, und wir beginnen, unsere Konflikt-Partner zu bestrafen: *„Du solltest; du musst; wenn nicht ..., dann ...; das zählt jetzt nicht; ich habe Zeugen, Beweise etc."*

Wie aber müsste die innere Einstellung beschaffen sein, damit sie die Basis einer kooperativen Konfliktbewältigung bilden kann? Wir müssen zunächst die Verurteilung *„Das darfst du nicht tun!"* ersetzen durch die interessierte Haltung des *„Warum tust du das?"*. Wir ersetzen ein Urteil durch Interesse.

Mit einer Akzentuierung des Interesses legen wir den Grundstein für Gemeinsamkeit und Begegnung in dem Konflikt, mit der Betonung der Verurteilung auf Konfrontation und Druck.

Wir möchten den Unterschied an einem Beispiel erläutern:

Innere Einstellung *„Das darfst du nicht tun!"*:
„Karl, wir hatten eine klare Vereinbarung: Du gehst heute einkaufen. Der Kühlschrank ist leer und die Geschäfte sind zu. Also, mein Lieber, so geht das nicht! Wofür machen wir Absprachen, wenn du es nicht nötig hast, dich daran zu halten!? Das ist ja auch nicht das erste Mal. Mit dem Auto in der letzten Woche war es das gleiche Drama!"

Innere Einstellung *„Warum tust du das?"*:
„Mensch, Karl, wir haben doch vereinbart, dass du heute einkaufst. Aber der Kühlschrank ist leer und ich habe Hunger. Was ist los? Warum hast du nicht eingekauft?"

Um allen Missverständnissen vorzubeugen: Natürlich sollen Sie im weiteren Konfliktverlauf Ihr Interesse nach einem gefüllten Kühlschrank bzw. der Möglichkeit, Ihren Hunger stillen zu können, verfolgen.

Verständnis für die Wirklichkeit Ihres Konfliktpartners zu entwicklen schließt keineswegs aus, dass sie mit Energie und Enthusiasmus Ihre eigenen Interessen verfolgen.

Im Gegenteil: Nur wenn Sie den Standpunkt Ihres Konfliktpartners kennen und auch Ihren eigenen in den Konflikt einbringen, können Sie die unterschiedlichen Standpunkte annähern und zu gemeinsamen Lösungen kommen, die von beiden Parteien selbstverantwortlich getragen werden können. Wie das gehen kann, werden wir Ihnen in den folgenden Abschnitten zeigen.

Natürlich gibt es in unserem Kopf nicht nur diese eine urteilende Haltung des *„Das darfst du nicht!"*, die eine Konfrontation im Konflikt begünstigt. Ein konfrontative Einstellung äußert sich auch in inneren Sätzen wie:
→ *„Der will mich provozieren."*
→ *„Der handelt gedankenlos."*
→ *„Typisch für ihn."*
→ *„Der spinnt doch."*
→ *„So kann man das nicht sehen."*
→ *„Das ist völlig verantwortungslos."*
→ *„Der ist faul / dumm / naiv."*
→ *Usw.*

Stets verbergen sich verurteilende Einstellungen hinter diesen Gedanken, die dem jeweiligen Konfliktpartner die Richtigkeit seines Denkens, Fühlens und Handelns in Abrede stellen. Jeder dieser inneren Sätze impliziert, dass ich selbst im Besitz der „objektiven" Wahrheit bin. Keiner dieser Gedanken bleibt folgenlos für den Konfliktverlauf. Denn wir können die Techniken der konstruktiven Konfliktbewältigung noch so perfekt anwenden – wenn wir eine verurteilende Einstellung unserem Konfliktpartner gegenüber haben, dann schimmert die Konfrontation durch die „kooperativen" Techniken durch. Die aufgesetzte Kooperation wird entlarvt als das, was sie eigentlich ist: Ein subtiles Instrument von Kontrolle und Zwang. Die innere Haltung zeigt sich in der äußeren. Immer. Wer verurteilend denkt und sich im Recht fühlt, bringt diese Einstellung auch zum Ausdruck: Sie äußert sich in Worten, Tonfall und Körpersprache. Das vermag auch die beste Schauspielerei nicht zu verhindern. Wir wissen, wovon wir reden, denn wir Autoren haben alle eine Schauspielausbildung durchlaufen und stehen regelmäßig auf der Bühne. Doch auch uns stehen unsere Gedanken ins Gesicht geschrieben, ohne dass wir sie vor anderen verbergen könnten.

Ohne die innere Einstellung des respektvollen Interesses an der Wirklichkeit Ihres Konfliktpartners ist eine kooperative Konfliktbewältigung hin zu gemeinsam verantworteten Lösungen undenkbar.

15. „Gehen Sie in sich ...

... wenn Sie nicht außer sich sein wollen!"

Nachdem wir Ihnen in den drei vorangehenden Abschnitten die Einstellungen und inneren Haltungen beschrieben haben, die unabdingbare Voraussetzungen für eine kooperative Konfliktbewältigung sind, möchten wir jetzt konkret werden. Am Beispiel einiger Alltagssituationen möchten wir Ihnen Möglichkeiten aufzeigen, wie Sie sich auf der Basis von Selbstverantwortung und Respekt vor der Wirklichkeit des Gegenübers konstruktiv in Konflikten verhalten können.

Ein Fallbeispiel: Sie teilen sich mit einem Mitarbeiter ein gemeinsames Büro. Ihr Verhältnis ist weder freundschaftlich noch distanziert: Sie sind gute Arbeitskollegen – nicht mehr, aber auch nicht weniger. Doch seit einiger Zeit hat Ihr Kollege die Angewohnheit, während der gesamten Arbeitszeit leise Radio zu hören. Sie haben Schwierigkeiten, sich zu konzentrieren. Das Radio stört Sie. Sie wollen diesen Konflikt kooperativ lösen. Abstrakt formuliert stehen Sie in dem Konflikt vor der schwierigen Aufgabe, Ihre eigenen Interessen, Wünsche und Bedürfnisse nicht **gegen** die Ihres Kollegen durchzusetzen. Im Gegensatz zu einer konfrontativen Vorgehensweise im Konflikt müssen Sie demnach **Durchsetzungsfähigkeit** verbinden mit **Wertschätzung**. Sie müssen neben Ihren eigenen also auch die Interessen, Wünsche und Bedürfnisse Ihres Kollegen respektieren und berücksichtigen.

Die Durchsetzung eigener Interessen im Konflikt ohne Wertschätzung ist autoritär und konfrontativ; die Wertschätzung fremder Interessen ohne den Wunsch, eigene Interessen durchsetzen zu wollen, ist Flucht bzw. Selbstverleugnung. Kooperation im Konflikt bedeutet die Verbindung von Durchsetzungsfähigkeit und Wertschätzung.

Mit anderen Worten: Ihren Kollegen ultimativ aufzufordern, sein Radio künftig nicht mehr einzuschalten, wäre eine konfrontative Vorgehensweise, die ihn in die Defensive zwingen und zum Gegner in dem Konflikt machen würde. Andererseits verstieße die zähneknirschende Akzeptanz des Radios gegen Ihre eigenen Interessen und Gefühle. Wie also können Sie angesichts der sich widersprechenden Interessenslage Lösungen finden, die beiden Konfliktparteien gerecht wird? Wie kann die Kooperation in diesem Konflikt konkret aussehen?

Die wichtigste Empfehlung, die wir Ihnen zunächst einmal geben können, ist die der Bewusstheit: Stolpern Sie nicht gedankenlos in einen Konflikt herein. Verschaffen Sie sich im Vorfeld Klarheit über Ihre eigenen Gefühle, Bedürfnisse und Interessen. Nehmen Sie sich die Zeit, **vor** dem anstehenden Konfliktgespräch einmal ausgiebig, offen und ehrlich über Ihre eigene Position nachzudenken.

Auf unser Radio-Beispiel übertragen, könnte das zu folgenden Überlegungen führen: *„Das Radio macht es mir schwer, mich bei meiner Arbeit zu konzentrieren. Ich bin abgelenkt, besonders bei interessanten Wortbeiträgen. Immer wieder ertappe ich mich dabei, mit meinen Gedanken abzuschweifen und dem Inhalt der Radiobeiträge, statt meinen Arbeitsgängen zu folgen. Und die permanente Musik macht mich zusätzlich nervös. Ich habe in der letzten Zeit immer wieder versucht, nicht auf das Radio zu hören – es also bewusst zu überhören. Es gelingt mir nicht. Mein Bedürfnis aber ist es, meine Arbeit möglichst störungsfrei, stressarm und gewissenhaft zu verrichten. Ich möchte Fehler vermeiden. Es ärgert mich, dass mir diese Stressfreiheit und Gewissenhaftigkeit durch das Radio erschwert wird. Daher ist es mein Wunsch, dass mein Kollege künftig auf das Hören seines Radios verzichtet.“*

Natürlich wird Ihr Kollege ganz andere Wünsche und Bedürfnisse in Bezug auf das Radio äußern. Wir haben also auf der **sachlichen Ebene** des Konflikts einen Interessengegensatz: Er möchte Radio hören – Sie brauchen Ruhe. Ihm erleichtert das Radio die Arbeit – Ihnen erschwert es sie. Der Konflikt, so scheint es, kann angesichts dieses sachlichen Interessengegensatzes nur konfrontativ verlaufen: Er oder Sie, nur einer kann gewinnen. Entweder er gewinnt, dann bleibt das Radio an, oder Sie gewinnen, dann bleibt es aus. Vielleicht finden Sie ja auch einen Kompromiss, dem beide zähneknirschend zustimmen können.

Doch horchen Sie einmal genauer in sich hinein. Sind die oben skizzierten Bedürfnisse, Gefühle und Interessen wirklich Ihre alleinigen? Haben Sie nicht einiges übersehen? Bewusstheit in diesem ersten Schritt der Vorbereitung auf einen Konflikt sollte darin bestehen, dass Sie versuchen, sich im Vorfeld des Konfliktgesprächs der Gesamtheit Ihrer Emotionen, Bedürfnisse und Wünsche bezüglich des Radio-Konflikts bewusst zu werden. Und wenn Sie diesen Schritt der Bewusstwerdung konsequent vollziehen, dann stoßen Sie auf Ihre **Beziehungs-Interessen** in dem Konflikt:

„Ich arbeite gerne mit meinem Kollegen zusammen. Wir haben eigentlich eine gute Atmosphäre in unserem gemeinsamen Büro. Jeder hilft dem anderen, wenn es irgendwo einmal brennt. Diese gemeinsame Ebene ist mir sehr wichtig. Ich möchte sie nicht gefährden. Weder möchte ich in ein anderes Büro umziehen noch möchte ich, dass der Konflikt um das

Radio böses Blut gibt. Auch mein Kollege soll sich bei seiner Arbeit wohl fühlen. Denn ein entspannter Kollege ist mir bei täglich acht Stunden gemeinsamer Arbeit lieber als ein genervter. "

Sie haben keine selbstlosen Interessen angeführt. Alle Bedürfnisse, die Sie genannt haben, sind „egoistisch". Selbst den entspannten Arbeitstag, den Sie Ihrem Kollegen wünschen, haben Sie als Eigen-Interesse angeführt: **Sie** profitieren letztlich von einem entspannten Kollegen.

Wir unterstellen jetzt, dass es Ihrem Kollegen ähnlich geht: Auch er teilt sich gerne mit Ihnen das Büro und möchte die gemeinsame Arbeit fortsetzen. Vor diesem Hintergrund wird deutlich, dass es neben gegensätzlichen viele **gemeinsame Interessen** gibt, die auf der **Beziehungsebene** des Konflikts angesiedelt sind. In dem Prozess der genaueren Bewusstwerdung entdecken wir statt der Gegensätze das Verbindende in dem Konflikt. Solange wir in einem Konflikt nur die gegensätzlichen Interessen auf der Sachebene des Konflikts betonen und verfolgen, legen wir den Focus der Betrachtung auf das Unvereinbare. Die Wahrscheinlichkeit der Konfrontation wächst. Wenn wir aber die Beziehungsebene des Konflikts beachten, kann es uns gelingen, eine Lösung herbeizuführen, die beide Partner befriedigt. Sie sehen an diesem Beispiel, dass es uns mit der Bewusstheit keineswegs um eine Versachlichung des Konflikts geht. Im Gegenteil:

Die Bewusstheit soll Ihnen dazu verhelfen, neben den sachlichen Interessen gerade auch die emotionalen Bedürfnisse in diesem Konflikt wahrzunehmen. Es geht um die Emotionalisierung von Konflikten. Denn Emotionen spielen die zentrale Rolle in unseren Konflikten, nicht die Sachinteressen.

Und natürlich werden Sie Ihre Beziehungsinteressen in das Konflikt-Gespräch auch einfließen lassen. Das Gespräch mit Ihrem Kollegen über das Radio wird also nicht nur sachlich, sondern im Gegenteil höchst emotional verlaufen. Und dennoch bedeutet die Emotionalisierung der Konflikte nicht, dass sie eskalieren werden. Im Gegenteil: Sie werden authentisch und kooperativ verlaufen, nicht trotz, sondern wegen der Emotionen.

Wenn Sie die Möglichkeit haben, sich im Vorfeld auf eine Auseinandersetzung vorbereiten zu können, dann haben Sie natürlich mehr Zeit zur Bewusstwerdung. Geraten Sie unvermittelt in einen Konflikt, so stehen Sie vor der schwierigeren Aufgabe, sich während des Konflikts aller Ihrer Bedürfnisse und Gefühle bewusst zu werden. Aber auch das wird Ihnen mit zunehmender Übung immer schneller und leichter gelingen.

Der Schritt der Bewusstheit in einem Konflikt verlangt, sich der Gesamtheit eigener Emotionen, Bedürfnisse und Interessen bewusst zu werden.

Und noch zwei Dinge sollten Sie sich vor dem Gespräch bewusst machen: Es ist legitim, dass Ihr Kollege Radio hören möchte. Er hat Recht, dass das Radio ihm die Arbeit erleichtert. Das ist seine Wirklichkeit. Sein Standpunkt ist weder richtig noch falsch – er ist! Und Sie sind auch nicht das Opfer seiner unverschämten Grenzverletzungen.

Es ist **Ihr** Problem, dass Sie das Radio stört. Sie sind genervt, weil Sie sich bei laufendem Radio nicht konzentrieren können. Und Sie haben den Konflikt gewählt: Sie wollen Ihr Problem ansprechen, weil Sie sich von einem klärenden Gespräch Vorteile versprechen – nämlich eine unbelastete Beziehung und Voraussetzungen für eine konzentrierte Arbeit. Übernehmen Sie die Verantwortung in dem Konflikt und gehen Sie nicht in die Opferrolle. Jammern und leiden Sie nicht und greifen Sie Ihren Kollegen auch nicht an. Vertreten Sie selbst-bewusst Ihren Standpunkt und kommunizieren Sie Ihrem Kollegen Ihre Bedürfnisse und Wünsche. Gehen Sie in den Konflikt hinein mit der interessierten und respektvollen Einstellung *„Warum ist ihm das Radio so wichtig"*. Vermeiden Sie jeden verurteilenden Gedanken wie:

→ *„Musikberieselung"; „Krach"; „Gedröhne" etc.*
→ *„Der will mich nur ärgern."*
→ *„Der will sich nur ablenken."*
→ *„Der macht das sowieso nicht aus."*

Ersetzen Sie Ihre Urteile durch Neugier und Verständnis, ohne Ihre eigenen Interessen zu verleugnen.

16. „Bin ich auf Sendung?"
Erstes verbales Standbein:
authentisches Senden

Die Stunde der Wahrheit naht: Nach der „mentalen Vorbereitung" auf den Konflikt bitten Sie in einem ruhigen Moment Ihren Kollegen um ein Gespräch:

„Peter, hast du einen Moment Zeit für mich? Ich habe ein Problem, das ich gerne mit dir besprechen möchte."

„Klar, worum geht es? Schieß los."

„Es geht um das Radio. Ich weiß, dass du gerne Radio hörst während der Arbeit. Aber ich habe damit ein Problem."

„Ist es dir zu laut? Ich mache es gerne leiser."

„Es ist nicht die Lautstärke. Im Gegenteil: Es gibt so interessante Beiträge im Radio, dass ich auch zuhören möchte. Aber dann merke ich gleichzeitig, dass ich von meiner Arbeit abgelenkt bin und mich nicht richtig konzentrieren kann."

„Aber sei doch nicht so verbissen. Hör dir den Beitrag in Ruhe an und anschließend arbeitest du weiter. Mensch, Junge, dann geht die Arbeit eben ein bisschen langsamer von der Hand. Da stirbt auch keiner dran."

„Aber ich brauche die Konzentration. Und wenn ich mich nicht konzentrieren kann, dann mache ich Fehler und muss alles doppelt und dreifach kontrollieren. Dann kriege ich Stress."

„Das kann man üben. Mir ging es am Anfang ähnlich. Komm, Junge, bleib geschmeidig."

„Ich habe es versucht, aber es klappt nicht. Und da mir sehr viel an unserer gemeinsamen Arbeit und an unserem guten Kontakt gelegen ist, möchte ich auch nicht als der große Spielverderber dastehen. Ich weiß ja auch, wie wichtig dir das Radio ist."

„Das stimmt. Auf mein Radio zu verzichten, würde mir sehr schwer fallen"

„Eben. Und mir fällt es schwer, dabei zu arbeiten."

„Was sollen wir machen?"

„Gemeinsam eine Lösung finden. Ich habe versucht, mich an das Radio zu gewöhnen und gleichzeitig gut zu arbeiten. Ich habe lange gewartet, dieses Problem anzusprechen. Zum einen, weil ich mir immer wieder gesagt habe: »Du gewöhnst dich schon noch dran.« Und zum anderen, weil ich auch ein wenig Angst vor diesem Gespräch mit dir hatte."

„Aber ich reiße dir doch nicht den Kopf ab."

„Das weiß ich. Trotzdem fällt es mir schwer, darüber zu reden."
„Tja, ein schwerer Fall."
„Eben. Wir brauchen eine Lösung, mit der wir beide gut leben können."

Das Gespräch ist durchgehend kooperativ verlaufen. Es ist Ihnen gelungen, Ihre Bedürfnisse und Emotionen umfassend in den Konflikt einzubringen, und gleichzeitig Ihren Respekt zu vermitteln. Kein Hauch von Vorwurf – Sie waren nicht in der Opferrolle. Im Gegenteil: Sie haben immer wieder betont, dass Sie den Wunsch des Kollegen nach einer entspannten Atmosphäre durch das Radio respektieren. Wir haben uns aus dem Gespräch ausgeblendet, bevor es zur Phase der konkreten Lösungsfindung kam. Aber wir werden an späterer Stelle darauf zurückkommen.

Verlassen wir den Schauplatz dieses Radio-Konflikts und erläutern wir die Prinzipien des authentischen Sendens an einem anderen fiktiven Beispiel, das wir in unseren Seminaren als amüsantes und gleichzeitig erhellendes Rollenspiel verwenden – dem Partyspiel. Die Regeln dieses „Spiels" sind schnell erläutert:

„Sie haben während der letzten fünf Jahre in einer anderen Stadt gelebt und sind jetzt an Ihren alten Heimatort zurückgekehrt. Doch leider müssen Sie feststellen, dass Sie niemanden mehr kennen. Alle Ihre alten Freundinnen und Freunde sind weggezogen ...

Eines Tags jedoch erhalten Sie eine Einladung von einem ehemaligen engen Freund zu seiner Party. Einer ist also doch noch am Ort wohnen geblieben. Sie freuen sich darauf, den Freund wiederzusehen und gehen mit dieser großen Erwartung auf die Fete. Doch bereits nach einer Stunde ist Ihre Laune auf dem Nullpunkt. Ihr Freund musste sich natürlich um die anderen Gäste kümmern. Da sich Ihre Party-Vorfreude aber auf das Wiedersehen mit Ihrem Freund beschränkt hat, sind Sie an diesem Abend nicht offen für andere Gäste. Sie stehen sich selbst im Wege. Sie merken, dass Sie schnell gehen müssen – egal, was passiert. Aber Sie wollen auch nicht die Freundschaft aufs Spiel setzen."

Soweit die sachlichen und emotionalen Hintergründe des Rollenspiels. Wir unterteilen das Seminar in Untergruppen von je vier Personen. Jede Gruppe hat fünf Minuten Zeit, eine Strategie zu entwerfen, wie dem Gastgeber vermittelt werden kann, unverzüglich gehen zu wollen. Eine Person aus jeder Gruppe soll die Gruppen-Strategie anschließend umsetzen. Dieser Person ist es nicht gestattet, Kompromisse einzugehen. Sie darf sich nicht dazu überreden lassen, noch ein bisschen zu bleiben. Sie muss ihrem Gefühl nachgehen, schnell gehen zu wollen!

Der Seminarleiter selbst schlüpft in die Rolle des Gastgebers und führt das Rollenspiel mit den auserwählten Personen nacheinander durch. Hartnäckig versucht er, die alte Freundin oder den alten Freund zu überreden, doch noch ein wenig zu bleiben. Er bemüht sich, alle Register der „psychologischer Kriegsführung" zu ziehen. Dadurch dauert jedes der Rollenspiele mindestens drei Minuten.

Die Totschlag- oder Totstell-Argumente des Gastgebers:
→ *„Gefallen dir meine Gäste etwa nicht?"*
→ *„Willst du mir indirekt Vorwürfe machen, weil ich mich bis jetzt um meine anderen Gäste gekümmert habe?"*
→ *„Früher warst du nicht so komisch und zickig!"*
→ *„Ich habe meine anderen Gäste bis jetzt versorgt, um Zeit nur für dich zu haben!"*
→ *„Ich habe diese Party extra für dich arrangiert, damit du ein paar Leute kennen lernen kannst."*
→ *„Das war früher schon so: Du ziehst ohne Rücksicht auf andere deinen Stiefel egoistisch durch."*
→ *„Wenn du jetzt gehst, ist der Abend für mich gelaufen."*
→ *„Ohne dich Stimmungskanone geht die Party den Bach runter."*
→ *„Ich bin echt völlig fertig, wenn du jetzt schon gehst."*

Alle Rollenspielerinnen und Rollenspieler bemühen sich um Authentizität. Und doch gibt es vier Klippen, an denen sie häufig stranden und ungewollt und unbewusst ihre Authentizität aufgeben. Diese Klippen möchten wir dataillierter vorstellen, weil sich an ihnen Grundzüge nicht-authentischer Kommunikation in Konflikten darstellen lassen:

Erste Klippe: Schuldzuweisungen

Gast: *„Ich möchte gehen, weil du dich nur um deine anderen Gäste gekümmert und bisher keine Zeit für mich gefunden hast."*

Über diesen Satz, der in vielen Rollenspielen so oder ähnlich von den Teilnehmern geäußert wird, wird in den Seminaren heftig diskutiert. Handelt es sich dabei um eine einfache Feststellung oder um einen Vorwurf an den Gastgeber? Wir denken, diese Frage ist nicht eindeutig zu beantworten. Zunächst scheint es sich um eine einfache Feststellung des bisherigen Verlaufs des Abends zu handeln. Denn tatsächlich entspricht es der Tatsache, dass sich der Gastgeber in der letzten Stunde ausschließlich um seine anderen Gäste gekümmert hat. Aber was den Satz zu mehr als nur einer Feststellung macht, ist der direkte Kausalzusammenhang, der hergestellt wird: *„Ich möchte gehen, weil du ..."* Die versteckte Botschaft dieses Satzes lautet dadurch: *„**Dein** Verhalten ist die Ursache **meines** Wunsches, jetzt gehen zu wollen."* Dem Gastgeber wird also die Verantwortung für das eigene Handeln zugeschoben. Hinter diesem Kausalzusammenhang verbergen sich Schuldzuweisung und Vorwurf. Der Gast ist in der Opferrolle. Streng genommen handelt es sich also auch bei dieser Äußerung um die Delegierung von Verantwortung für die eigenen Gedanken und Gefühle an eine andere Person – in diesem Falle den Gastgeber. Der Satz ist mehr als eine Feststellung von Tatsachen.

Um aus der Opferrolle auszusteigen und hineinzugelangen in die Selbstverantwortung und Authentizität müsste der Gast sich fragen: „Was genau ist der **Grund** meines Ärgers, dessen **Auslöser** die Tatsache ist, dass sich der Gastgeber eine Stunde lang um seine anderen Gäste gekümmert hat?" Der Grund des Ärgers ist Frustration. Nicht der Gastgeber mit seinem Verhalten ist der Grund des Ärgers des Partygastes, sondern es sind die hohen Erwartungen, die damit verbundenen Enttäuschungen und die unbefriedigten Bedürfnisse des Gastes. Der Gastgeber mit seinem Verhalten löst diese Gefühle nur aus. Hätte der Gast diese hohen Erwartungen an den Gastgeber nicht gehabt, hätte ihn das Handeln des Gastgebers vermutlich nicht gestört. Hätte er sich stattdessen im Vorfeld darauf gefreut, neue Leute in der Stadt kennen zu lernen, hätte sich der Gast anderen Gästen gegenüber öffnen können. So aber stand er sich mit seinen Gedanken und Gefühlen selbst im Weg.

Wenn der Gast authentisch und selbstverantwortlich gewesen wäre, hätte er seinen bevorstehenden Abschied anders begründet:

Gast: „*Du hast dich bislang natürlich um deine anderen Gäste kümmern müssen. Das verstehe ich und hätte ich genauso gemacht. Mein Problem ist: Ich hatte einfach überzogene Erwartungen an den heutigen Abend, nämlich dass wir ganz viel Zeit füreinander haben. Ich habe mich so auf das Wiedersehen gefreut und war so fixiert auf dich, dass ich den anderen Gästen gegenüber überhaupt nicht offen bin. Und jetzt merke ich, dass ich mich auf nichts mehr einlassen kann. Ich stehe mir selbst im Wege und komme da auch nicht mehr raus. Deswegen möchte ich jetzt einfach gehen.* "

Der Gast führt als Begründung eigene Erwartungen und Gefühle an, die er selbstbewusst und selbstverantwortlich kommuniziert.

Wir geben Ihnen ein anderes Beispiel der Delegierung von Verantwortung durch Schuldzuweisung:

Petra: „*Ich ärgere mich, weil du wieder einmal nicht gespült hast. Du hattest es fest zugesagt.* "

Auch hier handelt es sich um eine Verurteilung des Konfliktpartners: „*Du mit deinem störenden Verhalten bist die Ursache meines Ärgers. Das darfst du nicht tun! Und dein störendes Verhalten („wieder einmal") ist keine einmalige Entgleisung, sondern kommt regelmäßig vor. Es ist ein Charakterzug von dir* ", so lautet die versteckte Botschaft der Ärgermitteilung.

Worüber aber ärgert sich Petra wirklich in diesem Konflikt? Sie hat sich darauf verlassen, dass der Spülberg wie verabredet abgetragen wird. Und jetzt stellt sie fest, dass sich ihr Partner nicht an die Absprache gehalten hat. Sie ist enttäuscht und ärgert sich, dass Sie erneut Zeit und Energie einsetzen muss, um ihren Partner zum Spülen zu bewegen. Vielleicht ärgert sie sich auch über den weiteren Anblick eines Spülberges mitten in der Küche – sie braucht Ordnung, um sich wohl zu fühlen. Wie also kann sie ihren Ärger über den Spülberg authentisch und nicht-verletzend mitteilen?

„Wir hatten verabredet, dass du heute spülst. Der Abwasch ist noch nicht erledigt. Ich ärgere mich, weil ich jetzt kochen möchte und dazu eine aufgeräumte Küche und abgewaschenes Geschirr brauche. Ich möchte mich auf Absprachen verlassen können."

Zunächst einmal hat die Person mit den ersten beiden Sätzen den Ist-Zustand abwertungsfrei beschrieben. Die anschließende Ärger-Mitteilung hat sie mit ihren eigenen Gefühlen und Bedürfnissen begründet. Sie hat die Verantwortung für ihre Emotionen übernommen und diese nicht ihrem Partner übertragen. Die innere Haltung der sprechenden Person war selbstverantwortlich und frei von Verurteilungen.

Wenn Sie akzeptieren und fühlen können, dass eine andere Person lediglich den Ärger auslösen kann, den Sie selbst in sich begründen, dann fallen die Ärgermitteilung und ein Verhaltensänderungs-Wunsch an eine andere Person gefühlvoller und achtsamer aus. Wenn Sie die volle Verantwortung für Ihre Gedanken und Gefühle übernehmen, indem Sie hinter Ihren Ärger oder Ihre Wut schauen und die dort versteckten unerfüllten Erwartungen und Bedürfnisse entdecken, dann können Sie Vorwürfe an Ihre Konfliktpartner vermeiden.

Fassen wir kurz die Tücken der ersten Klippe nicht-authentischen Sendens zusammen: Es fällt uns schwer, die Verantwortung für die eigenen Gefühle zu übernehmen. Wir sind es gewohnt, andere Menschen oder uns selbst dafür verantwortlich (schuldig) zu machen, wenn wir negative Gefühle hegen. Wir gehen in die Opferrolle. Wir verwechseln Auslöser und Grund des eigenen Ärgers. Das Ergebnis ist eine offene oder versteckte Schuldzuweisung:
*„**Ich** bin sauer, **weil du** nicht aufgeräumt hast."*
*„Es ärgert **mich**, **wenn du** die Musik so laut machst."*

Die eigenen Gefühle zu benennen bedeutet noch nicht, die volle Verantwortung für das eigene Denken und Fühlen zu übernehmen. Wenn die eigenen Gefühle zwar benannt, aber mit dem Verhalten einer anderen Person begründet werden, handelt es sich um eine Schuldzuweisung und damit um ein Delegieren von Verantwortung.

In einer authentischen Mitteilung übernimmt die sprechende Person die volle Verantwortung für ihr eigenes Denken, Fühlen und Handeln. Sie begründet ihre eigenen Gefühle und die daraus resultierenden Bedürfnisse und Wünsche aus sich selbst heraus. Diese Vorgehensweise ist konstruktiv, weil sie die andere am Konflikt beteiligte Person nicht verantwortlich macht, herabsetzt und verletzt. Sie setzt auf Kooperation statt auf Konfrontation: *„Ich habe ein Problem"* statt *„Du mit deinem fehlerhaften Verhalten bist das Problem"* – so lautet die eigentliche Botschaft einer nicht verletzenden Ärgermitteilung.

Vermeiden Sie in einem Konflikt, den Sie kooperativ führen wollen, jede direkte oder auch indirekte Schuldzuweisung. Durch Selbstverantwortung vermeiden Sie die Opferhaltung.

Das Gleiche gilt auch, wenn Sie sich selbst innerlich die Verantwortung (Schuld) geben: *„Ich sollte nicht so kleinlich sein mit dem Spülen, vielleicht bin ich einfach zu empfindlich im Moment; vergessen wir es zuerst mal und warten ab, was sie macht ..."* Vielleicht fühlen Sie sich dann innerlich weiter unzufrieden und ziehen ein langes Gesicht. Oder aber die Partnerin fragt Sie: *„Duuuu, kannst du noch mal spülen, ich komm einfach nicht dazu."* Wenn wir uns selbst die Schuld geben und uns nicht ernst nehmen, beginnen andere oft uns zu bestrafen oder auf uns herumzutrampeln.

Sie kennen aus der Konflikt-Literatur sicherlich Ich-Botschaften und Du-Botschaften. Lassen Sie sich nicht verwirren: Das Wesensmerkmal einer Ich-Botschaft ist nicht das Vorhandensein des Wortes ICH:
→ *„Ich bin sauer, weil du nicht aufgeräumt hast."*
→ *„Ich finde, dass du ein Idiot bist!"*

Beide Aussagen sind trotz des Wortes ICH keine Ich-Botschaften, weil sie die innere Einstellung der Schuldzuweisung offenbaren. In beiden Beispielen wird die Verantwortung in dem Konflikt delegiert und die Opferhaltung eingenommen. *„Du bist schuld, handelst falsch und darfst das nicht."* – typische Du-Botschaften.

→ Offene oder versteckte Du-Botschaften folgen dem Schema: **Du weil Du** (*„Du bist blöd, **weil du** immer zu spät kommst!"*) oder: **Ich weil Du** (*„Ich bin sauer, **weil du** zu spät kommst!"*). Die Verantwortung für das eigene Denken, Fühlen und Handeln wird teilweise oder ganz an die andere Konfliktpartei delegiert. Diese Vorgehensweise ist ohnmächtig. Sie schwächt die eigene Position und stärkt die des Konfliktpartners.

→ Authentische Ich-Botschaften folgen dem Schema: **Ich weil Ich** (*„Ich bin sauer, **weil ich mich** beeilt habe und jetzt 20 Minuten gewartet habe."*) Die agierende Person übernimmt die volle Verantwortung für ihr Denken, Fühlen und Handeln, ohne die andere am Konflikt beteiligte Person herabzustufen oder zu verletzen.

→ Eine letzte Falle steckt in folgenden Sätzen: *„Ich bin sauer, **weil ich** mich total beeilt habe und jetzt 20 Minuten gewartet habe.*" Oder: *„Ich bin sauer, **weil ich** mich immer beeile und jetzt schon 20 Minuten ...*" Begriffe wie „total", „immer" oder „nie" und „schon" (Generalisierungen zumeist) beinhalten immer noch eine leichte Bereitschaft, sich zum Opfer und den anderen zum Täter zu machen. Nicht unsere Bereitschaft, die „Ich-Botschaften" „richtig" anzuwenden, entscheidet über eine kooperative Atmosphäre, sondern unser Grad an Bewusstheit über diese versteckten und allzumenschlichen Tendenzen, doch noch ein wenig Opfer sein zu dürfen und den Geschmack der Freiheit zu vertagen.

Die folgenden Beispiele aus fiktiven Dialogen stellen beispielhaft versteckte Du-Botschaften und authentische Ich-Botschaften gegenüber. Bitte versetzen Sie sich in die Situation der angesprochenen Personen und beurteilen Sie selbst, bei welcher Botschaft Ihr Grad der Verletzung höher wäre, und wann Sie eher bereit wären, Ihr Verhalten zu verändern:

1. Beispiel: **Ein Kunstlehrer übergibt den Kunstraum an die nachfolgende Lehrerin in einem schmutzigen und unaufgeräumten Zustand.**

Die Lehrerin sagt zu dem Kollegen: *„**Ich** fühle mich von dir übergangen, **weil du** mir die Klasse in einem solchen Zustand übergibst."*

Oder: *„Du hattest den letzten Unterricht vor meiner 6. Stunde in dem Kunstraum. Die Klasse war nicht aufgeräumt. **Ich** ärgere mich, **weil ich** Ordnung brauche, um meine Stunde zu beginnen. Und mir fehlt die Zeit, die ich für das Aufräumen vor der Stunde benötige, für meinen eigenen Unterricht."*

2. Beispiel: **Ein Teammitglied hält sich bei der Arbeitsaufteilung zurück und lässt die anderen arbeiten.**

Eine Kollegin sagt zu dem Teammitglied: *„**Ich** ärgere mich, **weil du** egoistisch bist und mich für dich arbeiten lässt."*

Oder: *„**Ich** bin genervt, **weil ich** zurzeit viel Stress habe und deswegen eine gleichberechtigte Arbeitsteilung brauche."*

3. Beispiel: Ein junger Mitarbeiter bekommt keinen Kontakt zu den älteren Kolleginnen.

Er sagt zu einer dieser Kolleginnen: *„Ich bin traurig, **weil ihr** mir keine Chance gebt, reinzukommen. "*

Oder: *„**Ich** bin frustriert, **weil ich** gerne einen besseren Kontakt zu euch möchte. Ich habe das Gefühl, nicht richtig integriert zu sein, und leide unter dieser Situation. "*

4. Beispiel: Ein Chef begrüßt einen Mitarbeiter morgens nicht.

Der Mitarbeiter spricht seinen Chef darauf an: *„Ich bin verwirrt, **weil Sie** mich ständig übersehen und nicht grüßen. "*

Oder: *„**Ich** bin irritiert, **weil ich** morgens einen kurzen Kontakt und Gruß möchte, wenn wir uns sehen. Ich frage mich dann, ob Sie etwas gegen mich haben, und bin verunsichert. "*

Authentisches Senden eigener Emotionen, Gedanken, Bedürfnisse und Wünsche setzt voraus, sich offen und ehrlich mit sich selbst auseinanderzusetzen. Nur wenn wir bereit sind, die volle Verantwortung für uns selbst zu übernehmen, können wir zur Authentizität gelangen.

Nur wenn wir authentisch sind und achtsam mit uns und unseren Gefühlen und Bedürfnissen umgehen, haben wir die Chance, auf Schuldzuweisungen und Verletzungen verzichten zu können und kooperatives Konfliktverhalten zu praktizieren.

Zweite Klippe: Projektion

Es gibt eine zweite Klippe des nicht-authentischen Sendens, die wir unbewusst in unseren Konflikten ansteuern, um daran zu kentern:

Gast: *„Rudi, vielen Dank für die Einladung. Aber ich möchte jetzt gehen. "*
Gastgeber: *„Ach komm. Jetzt habe ich Zeit nur für dich. Meine Gäste sind versorgt. Bleib noch ein bisschen. Erzähle mal, wie es dir ergangen ist in all den Jahren. "*
Gast: *„Aber das geht doch nicht. Du bist doch der Gastgeber. Du kannst dich doch nicht einfach nur um mich kümmern. Was sollen denn die anderen Gäste sagen?"*

Jetzt ist der Gast gestrandet – an der Klippe der Projektion. Er spricht für den Gastgeber und die übrigen Gäste. Die Projektion war eine Sackgasse, aus der der Gast nur schwer wieder herausfinden wird. Denn statt die Wirklichkeit des Gastgebers zu respektieren, lautet die heimliche Botschaft seiner Projektion: *„Ich weiß besser als du, was du als Gastgeber zu tun hast."*

Hinter der Projektion des Gastes versteckt sich zudem eine urteilende Einstellung: *„Du darfst dich nicht so verhalten, dass du dich als Gastgeber nur um mich kümmerst. Wenn du das tust, handelst du falsch. Du verstößt gegen allgemeine Werte der Höflichkeit."* Der Gastgeber wird selbstverständlich versuchen, aus dieser Entmündigung seitens des Gastes herauszufinden:

Gastgeber: *„Natürlich kann ich mich mit dir zurückziehen. Meine Gäste wissen, wie sie sich selbst versorgen können. Und schließlich habe ich denen bereits gesagt, dass ich dich nach fünf Jahren zum ersten Mal wiedergesehen habe und gerne in Ruhe mit dir plaudern möchte. Die verstehen das. Also komm, erzähl mal."*

Hier wird deutlich, dass es auch eine Anmaßung sich selbst gegenüber ist, wenn man seine Bedürfnisse über einen Tiefstatus zu erreichen versucht, denn dahinter versteckt sich eine urteilende Einstellung sich selbst gegenüber: *„Das ist unverantwortlich und alles andere als freundlich, wenn ich jetzt gehe."*

Der Gast war, und das ist ziemlich offensichtlich, in seiner Begründung nicht authentisch. Er hat nicht für sich, sondern für seinen Konfliktpartner gesprochen. Was kann er noch machen, um aus der Sackgasse nicht-authentischer Konfliktbearbeitung herauszukommen? Er schaut hinter die Werteebene, die er dem Gast indirekt vermittelt (*„Du bist unhöflich den anderen Gästen gegenüber."* Oder: *„Ich bin unhöflich den anderen Gästen gegenüber"*), und entdeckt dort seine eigentlichen und damit eigenen Beweggründe:

Gastgeber: *„Natürlich kann ich mich mit dir zurückziehen."*
Gast: *„Stimmt natürlich: Das ist deine Entscheidung. Aber ich hätte ein blödes Gefühl dabei. Ich hätte ein schlechtes Gewissen und würde ständig denken, ich nehme dich den anderen Gästen weg – auch wenn das nicht so ist. Ich habe mich so auf das Wiedersehen gefreut und war so fixiert, dass ich mich jetzt selbst blockiere und mir selbst im Weg stehe. Ich kann mich auf nichts mehr einlassen. Ich bin nicht mehr in der richtigen Stimmung und möchte einfach gehen. Bitte verstehe das."*
Gastgeber: *„Ein Glas Wein wenigstens noch."*
Gast: *„Bitte verstehe mich. Es geht nicht."*
Gastgeber: *„O.K. – aber ruf mich an, ja?"*

Bei diesem letzten Beispiel können Sie gut beobachten, wie der Gast bei sich selbst geblieben ist. Er hat sich nicht mehr beirren und beeinflussen lassen von der Hartnäckigkeit des Gastgebers und hat seinerseits auf der Authentizität und Berechtigung seiner momentanen Gefühle und Bedürfnisse beharrt. Der Gastgeber konnte nicht anders, als die Wünsche des Gastes zu respektieren und diesen schließlich schweren Herzens gehen zu lassen.

Projektionen in Konflikten kommen in unserem beruflichen und privaten Alltag viel häufiger vor, als es auf den ersten Blick erscheinen mag. Wir möchten ein paar Beispiele anführen:

Lehrer: *„Sandra, setz' dich bitte gerade hin. Du kannst dich so nicht konzentrieren."*
Sandra: *„Aber ich kann mich konzentrieren. Ich passe die ganze Zeit auf."*
Warum sagt der Lehrer Sandra nicht, dass er sich selbst nicht auf den Unterricht konzentrieren kann, wenn eine Schülerin sich vor ihn hinflezt?

Vater: *„Peter, mach deine Musik leiser. So kann man doch keine Hausaufgaben machen."*
Peter: *„Ich mache meine Hausaufgaben immer mit Musik, und sie sind immer richtig."*
Warum sagt der Vater zu seinem Sohn nicht, dass er Angst hat, sein Sohn könnte durch die Musik abgelenkt werden und deswegen schlechte Noten für seine Hausaufgaben bekommen? Oder ist der Vater nur selbst genervt durch die laute Musik?

Chef: *„Herr Maier. Bitte strukturieren Sie doch einmal Ihr Büro durch. So finden Sie doch nichts wieder."*
Maier: *„Entschuldigung, Herr Direktor. Aber nennen Sie mir einen Vorgang, den ich raussuchen soll, und ich habe ihn innerhalb von zehn Sekunden griffbereit."*
Warum sagt der Chef seinem Angestellten nicht, dass er selbst eine andere Vorstellung von Struktur hat und er deshalb fürchtet, dass die abweichende Struktur seines Angestellten auf Kosten der Effizienz gehen könnte? Oder hat er Angst davor, dass andere Personen Anstoß an dem Zustand des Büros seines Sekretärs nehmen könnten?

Projektionen nehmen wir immer dann vor, wenn wir uns unserer eigenen Gefühle in einem Konflikt nicht bewusst sind oder diese nicht nennen wollen – aus Angst, die Äußerung eigener Gefühle könnte als Schwäche ausgelegt werden und daher verletzbar machen.

Das Wesensmerkmal von Projektionen ist, dass sie die Konfliktpartner oder sich selbst entmündigen und indirekt herabsetzen. Hinter Projektionen verbergen sich oft urteilende Einstellungen. Dadurch beinhalten diese Projektionen ein gewisses Maß an Verletzungspotenzial.

Dritte Klippe: Gegenangriff

Kehren wir noch einmal zu dem Partyspiel zurück. Der Gastgeber empfindet den Wunsch des Gastes, gehen zu wollen, als Verletzung und reagiert mit einem Gegenangriff:

Gastgeber: *„Nicht mehr offen ...! Mein Gott, was ist los mit dir? Du bist ganz schön empfindlich. Aber du hast immer schon deinen Kopf durchgesetzt, egal was die anderen wollten. Rücksicht ist ein Fremdwort für dich!"*
Gast: *„Nun hör doch auf. Wenn du nicht akzeptieren kannst, dass ich gehen möchte, ist das dein Problem. Egal was ich sage, du nimmst es persönlich und fühlst dich angepinkelt."*

Päng! Da ist sie zugeschnappt, die Falle des Kampfes. Ein Wort gibt das andere. Die beiden Freunde befinden sich in einem verbalen Schlagabtausch. Natürlich macht der Gast geltend: *„Ich habe nicht angefangen, sondern mich nur verteidigt."* Aber das denkt, fühlt und sagt der Gastgeber auch, denn dieser fühlt sich verletzt durch die Tatsache, dass sein Freund die Party frühzeitig verlassen möchte.

Wie aber hätte der Gast kooperativ bleiben können, angesichts eines derartigen Angriffs seitens des Gastgebers?

Gastgeber: *„Nicht mehr offen ...! Mein Gott, was ist los mit dir? Du bist ganz schön empfindlich. Aber du hast immer schon deinen Kopf durchgesetzt, egal was die anderen wollten. Rücksicht ist ein Fremdwort für dich!"*
Gast: *„Glaub mir: Ich habe dir meine Gründe genannt. Ich bitte dich einfach nur darum, meine Gefühle und Gründe zu akzeptieren. Ich bin nicht mehr in der Stimmung, möchte dich aber in den nächsten Tagen gerne wiedersehen."*
Gastgeber: *„Du kannst auch direkt sagen, dass dir meine Gäste nicht gefallen!"*
Gast: *„Das ist es nicht. Ich war auf ein Wiedersehen mit dir fixiert und deshalb überhaupt nicht offen für andere Gäste. Das hat nichts damit zu tun, dass ich deine Gäste nicht mag, sondern dass ich heute Abend auf andere Menschen nicht zugehen konnte."*
Gastgeber: *„Das glaube ich dir nicht. Das sind doch nur Ausreden. Du bist zu feige, es offen zu sagen!"*
Gast: *„Ich kann dir nur ehrlich sagen, wie ich es empfinde. Es tut mir Leid, wenn ich das nicht richtig vermitteln kann. Aber das sind nun einmal meine Gründe. Es sind keine Ausreden. Und ich bitte dich, sie so anzunehmen."*

Trotz wiederholter Angriffe seitens des Gastgebers hat sich der Gast nicht zu Gegenangriffen verleiten lassen. Er ist streng bei seinen eigentlichen Gründen geblieben und hat die Angriffe des Gastgebers ignoriert. Er hat versucht, offensichtliche Missverständnisse oder Unterstellungen durch nochmalige Erklärungen aus dem Weg zu räumen, ohne sich auf die Ebene des Kampfes einzulassen. Der Gast ist bis zum Schluss dieses Dialoges authentisch geblieben. Er hat sich dazu entschieden, sich nicht zum Opfer der Angriffe des Gastgebers machen zu lassen. Er hat alle Macht und damit Handlungsfreiheit bei sich gelassen. Er ist bis zum Ende des Dialogs in der Selbstverantwortung geblieben.

Wir alle wissen, dass die Gewohnheit, einen Angriff mit einem Gegenangriff zu beantworten, so tief in unserem Verhalten verwurzelt ist, dass sie schon fast reflexhaft erfolgt. Die Befreiung von diesem Automatismus erfordert Bewusstheit und vor allem Training.

Bleiben Sie bei sich selbst – bei Ihren Emotionen, Gedanken und Bedürfnissen – und lassen Sie sich auch durch Angriffe nicht aus dem Gleichgewicht bringen. Ihr Partner wird es bald müde, Sie anzugreifen. Der Weg zum gemeinsamen kooperativen Vorgehen ist dann geebnet. Und vor allem bedenken Sie:

Niemand kann Sie durch Beleidigungen verletzen, dem sie nicht die Macht dazu geben. Sie können einen beleidigenden Angriff auch ignorieren oder als ein besonders starkes Interesse verstehen. Ermächtigen Sie andere Menschen nicht, sich Ihrer durch Beleidigungen zu bemächtigen.

Neben der oben gezeigten Möglichkeit, Angriffe seitens des Konfliktpartners zu ignorieren und gleichzeitig in der eigenen Authentizität zu bleiben, können Sie natürlich einen anderen Weg beschreiten – nämlich auf den Angriff zu reagieren. Die Schwierigkeit besteht darin, bei der Reaktion völlig bei sich selbst zu bleiben. Sie sollten jede Herabstufung und Schuldzuschreibung vermeiden. Sie benötigen die innere Haltung des *„Es ist aus deiner Sicht legitim, dass du dich verletzt fühlst und mich angreifst, aber ich brauche Respekt.“* Diese Einstellung stellt die höchste Stufe von sozialer Handlungskompetenz dar, denn sie setzt voraus, dass Sie während eines Konflikts in der Lage sind, den Angriff Ihres Gegenübers als Schwäche und Hilfeschrei zu sehen und daher als ein „verzerrt geäußertes Bedürfnis“ und nicht als überlegene Stärke:

Gastgeber: *„Nicht mehr offen …! Mein Gott, was ist los mit dir? Du bist ganz schön empfindlich. Aber du hast immer schon deinen Kopf durchgesetzt, egal was die anderen wollten. Rücksicht ist ein Fremdwort für dich!“*
Gast: *„Pardon, Rudi. Ich habe eine Bitte: Ich möchte mich respektvoll mit dir unterhalten. Ich höre da eine Menge an Vorwürfen raus, auf die ich im Moment überhaupt nicht reagieren kann. Du bist mir einfach zu wichtig, als dass ich diese Vorwürfe einfach schlucken könnte. Ich muss das erst einmal verdauen. Dafür brauche ich Zeit und Ruhe. Lass’ uns in den nächsten Tagen treffen und alles besprechen. Aber jetzt möchte ich einfach gehen und bitte dich dafür um Verständnis.“*

Gastgeber: *„Wenn es zur Sache kommt, haust du ab. Typisch!"*
Gast: *„Ich weiß um meine Grenzen. Ich möchte mit dir keinen Schlagabtausch führen. Dafür ist mir die Freundschaft zu wichtig. Ich fühle mich verletzt. Ich bitte dich, meine Grenze zu respektieren. Lass' uns in Ruhe über alles reden, aber nicht hier und jetzt. Ich kann es einfach nicht. Ich brauche Abstand. Im Moment habe ich einfach Angst, dass ich im Affekt Dinge sage, die ich so nicht meine und später bereue."*

Der Gast markiert seine Grenze. Deren Überschreitung weist er zurück. Immer wieder macht er dem Gastgeber auf eine nicht-verletzende Art und Weise deutlich, dass er einen respektvollen Umgang wünscht. Damit umgeht er die Konfliktfalle des Gegenangriffs und nimmt sich eine Auszeit, um die Situation „zu verdauen". Er bleibt bei sich, statt außer sich zu geraten.

Sie sehen: Sie müssen beleidigende Angriffe nicht tatenlos über sich ergehen lassen. Wenn Sie sich verletzt fühlen, äußern Sie Ihre Gefühle. Aber hüten Sie sich davor, dem anderen die Schuld an dem Konflikt zu geben und zurückzuschießen:

Gastgeber: *„(...) Aber du hast immer schon deinen Kopf durchgesetzt, egal was die anderen wollten. Rücksicht ist ein Fremdwort für dich!"*
Gast: *„Stopp. Keine Beleidigungen. Du wirst ausfallend und gemein. Ich möchte mich anständig mit dir unterhalten, und nicht in diesem Ton."*
Gastgeber: *„Wenn ich sauer bin, dann bin ich sauer. Und da lass' ich mir von dir auch nicht den Ton vorschreiben."*

Die heimliche Botschaft des Gastes lautet: *„Du bist schlecht, weil du beleidigend und ausfallend wirst. Außerdem bist du nicht in der Lage, dich anständig zu unterhalten. Und dein Ton ist auch falsch!"* Statt also bei sich und den eigenen Gefühlen, Gedanken und Bedürfnissen zu bleiben, ist auch der Gast ausfallend geworden und hat den Gastgeber verletzt und herabgestuft. Die Eskalation im Konflikt ist vorprogrammiert.

Nochmal: Bei diesem Beispiel sind wir am äußersten Schwierigkeitsgrad konstruktiver Konfliktbewältigung angelangt. Die Fähigkeit, trotz angreifender und verletzender Äußerungen des Konfliktpartners in der Selbstgewissheit zu bleiben, erfordert ein hohes Maß an Selbstkompetenz und Training. Die dazu notwendige innere Haltung ist: *„Du siehst mich im Moment als deinen Gegner und nicht als Partner. Du möchtest mich zu deinem Feind machen. Aber ich sehe das anders. Du bleibst mein Partner. Ich werde nicht gegen dich kämpfen. Aber ich werde meine Grenzen wahren. Ich kämpfe **für** meine Unversehrtheit, aber nicht **gegen** dich."*

Je heftiger die Angriffe des Konfliktpartners ausfallen, desto schwieriger wird es, die Kraft für diese innere wie äußere Haltung aufzubringen. Und natürlich gibt es auch hier Grenzen. Und diese Grenze legt jeder für sich selbst fest.

Selbstkompetenz im Konflikt heißt, die eigenen Fähigkeiten und Fertigkeiten zu erweitern, die eine kooperative Konfliktbewältigung trotz eventueller Angriffe des Gegenübers ermöglichen. Bleiben Sie bei sich, statt außer sich zu geraten.

Vierte Klippe: Selbstverurteilungen

Wir erleben in unseren Seminaren immer wieder, dass die Rollenspielerinnen oder Rollenspieler in dem Party-Beispiel keine Kraft entwickeln, ihr Interesse in Handlung umzusetzen und die Fete zu verlassen. Sie schlüpfen in die Opferrolle und erbitten sich mit leiser Stimme vom Gastgeber das Recht, gehen zu dürfen:

Gast: *„Du Rudi. Ich möchte kurz mit dir reden. Ich merke irgendwie, dass ich mich nicht wohl fühle. Ich möchte gerne nach Hause gehen, ja?"*
Gastgeber: *„Was denn, jetzt schon? Wir haben es doch erst neun Uhr."*
Gast: *„Ich weiß. Trotzdem. Ich fühle mich einfach nicht mehr wohl."*
Gastgeber: *„Komm, ein kleines Bier trinken wir noch. Zehn Minuten wirst du doch noch Zeit haben."*
Gast: *„Hm. Ich weiß nicht. Eigentlich wollte ich direkt gehen."*
Gastgeber: *„Zehn Minuten. Ich habe mir extra Zeit für dich genommen. Und jetzt willst du gehen. Das geht doch nicht. Sei kein Spielverderber."*
Gast: *„Na gut. Aber nur zehn Minuten."*

Ein Kompromiss ist gefunden. Aber die Vorgabe des Rollenspiels wurde nicht erfüllt: *„Lassen Sie sich auf keine Zugeständnisse ein. Sie wollen direkt gehen."*

Woher rührt diese Schwäche des Gastes? Nähere Nachfragen bei den agierenden Personen führen immer wieder zum gleichen Punkt: Sie können in dem Rollenspiel keine Kraft entfalten, weil sie nicht authentisch sind. Die Vorgaben von Seiten der Seminarleiter an die Teilnehmerinnen und Teilnehmer, nicht offen für Kompromisse zu sein und sich nicht überreden zu lassen, entsprechen oft nicht deren Gefühlen. In der Realität, so äußern sie dann, würden sie sich niemals so verhalten: *„Ich würde bleiben, auch wenn ich mich unwohl fühle. Und ich könnte auch niemals um zehn Minuten kämpfen. Da stecke ich lieber zurück oder gehe Kompromisse ein."*

Diese berechtigte Schwierigkeit der Rollenspielerinnen und Rollenspieler verweist auf einen zentralen Punkt, der sich in Konflikten häufig äußert:

Wir müssen von der Legitimität unserer Bedürfnisse und Wünsche überzeugt sein, um authentisch und kraftvoll für unsere Interessen eintreten zu können.

Die betreffenden Akteure aus den Rollenspielen nehmen sich ihre Kraft durch Selbst-Verurteilungen: *„Eigentlich darf ich das nicht machen, eine Party so früh zu verlassen und dann auch noch den Wunsch des Gastgebers nach zehn Minuten Plauderei ausschlagen. Ich darf so nicht handeln. Das macht man nicht; das ist unhöflich. "* In dem Rollenspiel ist es natürlich die aufgezwungene Vorgabe seitens der Seminarleitung, sofort gehen zu wollen, die verhindert, dass die betreffenden Spielerinnen oder Spieler in den Rollenspielen authentisch sein können. Aber dennoch: Das Phänomen der Selbstverurteilung und der Selbstzweifel kennen wir aus vielen Alltagskonflikten. Wie oft hindern wir uns mit unseren Selbstverurteilungen daran, unsere Bedürfnisse und Wünsche energisch zu äußern und uns für deren Erfüllung einzusetzen? Wie oft nehmen wir uns durch verinnerlichte Werthaltungen die eigene Kraft, für unsere Interessen offen, ehrlich und standhaft einzustehen?

→ *„Eigentlich bin ich ja ganz schön engstirnig, wenn ich mich wegen zehn Minuten Verspätung so aufrege. "*
→ *„Irgendwie ist das ja auch okay, wenn der Kollege Radio hören möchte. Im Grunde habe ich kein Recht, ihm das zu verderben. "*
→ *„Mein Gott, mein Freund ist ja ganz schön im Stress. Da kann ich ihn doch nicht noch zusätzlich mit meinen Problemen belasten. Ich sollte einfach toleranter sein und meine Sorgen für mich behalten. "*
→ *„Die paar Haare im Bad sind ja eigentlich gar nicht so schlimm. Ich meine, deswegen sich so aufzuregen ... "*

Achten Sie mal auf die Worte: *„eigentlich"*, *„im Grunde"*, *„da kann ich doch nicht"*, *„da sollte ich"* oder *„wirklich"*. Relativierungen und Schuldgefühle! Sie haben ein Problem mit den Verhaltensweisen, die Sie stören. Sie spüren Ihre Bedürfnisse nach Pünktlichkeit, Ruhe, Konzentration, Respekt, Austausch oder Ordnung. Aber im nächsten Moment hören Sie auf die verinnerlichten Werte und Normen, die es Ihnen verbieten, Ihre Bedürfnisse als legitim zu erachten: *„Kinder die was wollen, die ... "* Und dann entscheiden Sie sich: Statt sich für Ihre Bedürfnisse und Wünsche kraftvoll einzusetzen, machen Sie sich zum Opfer der Normen und Werte und verurteilen sich selbst:

→ *„Wenn ich auf Pünktlichkeit beharre, bin ich kleinlich. "*
→ *„Wenn ich auf Ruhe im Büro bestehe, unterdrücke ich meinen Kollegen. "*
→ *„Wenn ich meinen Freund um ein Gespräch über meine Probleme bitte, überfordere ich ihn. "*
→ *„Wenn mich die Haare im Bad belasten, bin ich spießig. "*

Vielleicht sind Sie hin und her gerissen zwischen den beiden Polen Bedürfnisäußerung und Selbstverurteilung und entschließen sich schweren Herzens doch dazu, den Konflikt anzusprechen. Aber da Sie die Selbstverurteilung als Einstellung im Kopf haben, können Sie keine Kraft entfalten. Sie sind gespalten. Sie äußern Ihre Bedürfnisse jammernd oder vorwurfsvoll – aber nicht authentisch und gewinnend. Sie machen sich zum Opfer Ihrer eigenen Gespaltenheit und Selbstzweifel. Sie schwanken hin und her und können keinen festen Stand-punkt vertreten. Und schon senken Sie in dem Konflikt unbewusst Ihren kommunikativen Status ab: Sie sind körpersprachlich nicht klar, sondern bucklig und wankend, und Sie relativieren Ihre Aussagen mit sta-tus-senkenden Floskeln: *eigentlich"*, *„irgendwie"*, *„finde ich"* usw.

Wie können Sie diese Klippe der Selbstverurteilungen umschiffen? Gehen Sie **vor** dem Konflikt in sich! Werden Sie sich Ihrer Selbstzweifel bewusst und fragen Sie sich dann, ob Sie die innere Haltung entwickeln können, dass es legitim ist, für die eigenen Bedürfnisse einzutreten? Können Sie zu Ihren Bedürfnissen stehen? Nur wenn Ihnen dieses Ge-ständ-nis gelingt, dass Sie zu Ihren Interessen stehen können, werden Sie auch einen festen Stand-punkt in dem Konflikt entwickeln. Sie können Ihrem Partner gegenüber Stellung beziehen. Wenn Sie keinen inneren Halt finden, sondern in Ihren Selbstzweifeln verstrickt bleiben, werden Sie während des Konfliktgesprächs wankel-mütig von einem Bein auf das andere treten und beim leisesten Gegenwind Ihres Ge-genübers umfallen.

Wir sind wieder einmal an dem entscheidenden Punkt der konstruktiven Konfliktbe-wältigung angelangt – der Selbstverantwortung:

Übernehmen Sie die Verantwortung für Ihre eigenen Gefühle, Bedürfnisse und Wünsche. Nehmen Sie sie wahr und erachten Sie sie für legitim. Wertschätzend mit dem Konfliktpartner umzugehen setzt voraus, die eigenen Gefühle, Bedürf-nisse und Wünsche wertzuschätzen und sie dem Konfliktpartner mitzuteilen.

Und vertrauen Sie darauf, dass auch Ihr Gegenüber selbstverantwortlich darüber ent-scheiden kann, welche Bedürfnisse und Wünsche er oder sie verfolgen möchte:

→ Wenn Ihr verspäteter Konfliktpartner Sie kleinlich findet, weil Sie Pünktlichkeit wünschen, ist das sein Problem. Sie können dann immer noch entscheiden, wie Sie sich künftig bei Verspätungen verhalten werden.

→ Wenn Ihr Kollege nicht auf sein Radio verzichten will, dann soll er es selbst äu-ßern. Beschneiden Sie sich nicht im Vorfeld des Konflikts selbst, indem Sie ihm durch vorauseilende Selbstverurteilungen die Verantwortung dafür abnehmen, für seine In-teressen einzustehen.

→ Wenn Ihr Freund überlastet ist und kein Ohr für Ihre Probleme hat, dann soll er es sagen. Nehmen Sie ihm die Verantwortung nicht ab, für sich selbst sprechen zu kön-nen.

→ Wenn Ihre Mitbewohnerin Sie spießig findet, weil Sie Sauberkeit im Badezimmer brauchen, dann kann Sie es ja sagen. Aber vielleicht sieht sie es ja ein. Überlassen Sie ihr die Entscheidung und Verantwortung für ihren Konfliktanteil.

Sie sehen: Ohne Respekt vor sich selbst können Sie auch andere nicht respektieren. Wenn Sie sich selbst entmündigen, entmündigen Sie auch Ihre Konfliktpartner. Nur wer selbstverantwortlich handelt, kann auch anderen Selbstverantwortung zugestehen. Ohne Selbstachtung keine Fremdachtung!

Wir sind oft erstaunt über die Stärke und Kraft, die ein Mensch plötzlich ausstrahlt, wenn er von den eigenen authentischen Gefühlen spricht oder seine Bedürfnisse und Wünsche äußert, ohne dabei weder sich noch andere herabzusetzen oder zu manipulieren. Die Ursache liegt in unserer Präsenz, die wir entwickeln, wenn wir Wünsche bzw. Bedürfnisse formulieren, von deren Legitimität wir zutiefst überzeugt sind. Und das Geheimnis der „gewinnenden" Ausstrahlung liegt darin begründet, dass wir uns selbst respektieren. Und noch etwas fällt uns auf: Die eigene Authentizität steckt an. Sie überträgt sich. Wer in einem Konflikt authentisch ist, trifft selten auf massiven Widerstand. Wenn wir andere Personen nicht drücken, erfahren wir von ihnen nur selten Gegendruck.

Wer authentisch ist, zwängt die Konfliktpartner nicht in die Rolle von Schuldigen und Tätern. Die eigene Selbstverantwortung überträgt sich auf die Konfliktpartner.

17. Zum Sendeschluss:
Der Mythos sachlicher Konfliktbearbeitung

Herr Wunder ist Gruppenleiter eines 15-köpfigen Teams in einem pharmazeutischen Betrieb. Seit etwa drei Wochen macht Herr Kruse, einer der Mitarbeiter des Teams, in den morgendlichen Teamsitzungen abwertende Bemerkungen. Auf Vorschläge anderer Kollegen reagiert er oft mit einem mürrischen *„Das bringt doch alles nichts!"*

Nach Meinung von Herrn Wunder, dem Vorgesetzten, blockiert Herr Kruse durch seine Einwände sich selbst und auch den Ideenfindungsprozess des Teams. Kollegen haben sich bei ihrem Vorgesetzten außerdem darüber beschwert, dass Herr Kruse sich bockig verhält, wenn diese ihn um Hilfe oder Rat bitten.

Herr Wunder ärgert sich über die angespannte Situation in seinem Team. Sein Bedürfnis ist, dass die Sitzungen kreativ und möglichst störungsfrei verlaufen. Er spürt, dass Sätze wie *„Das bringt doch nichts!"* andere Teammitglieder in ihrem Ideenfluss hemmen. Herr Wunder verspürt ein starkes Interesse, diese angespannte Situation zu verändern. Es muss doch möglich sein, den Konflikt mit Herrn Kruse rein sachlich zu bearbeiten:

„Herr Kruse, ich möchte mit Ihnen über die letzte Teamsitzung sprechen. Sie sagten da: »Das bringt doch alles nichts.« Wie haben Sie diesen Satz gemeint?"
„Na, wie wohl. So kann man doch nicht arbeiten. Dieses Software-Programm ist Mist! Das funktioniert nicht. Das müssen wir ändern."
„Hätten Sie da Vorschläge?"
„Na klar. Aber die will doch keiner hören."
„Doch: Ich!"
(Herr Kruse unterbreitet seine Verbesserungsvorschläge.)
„Danke, Herr Kruse. Sie haben mir sehr weitergeholfen. Ich werde Ihre Vorschläge aufgreifen und dafür sorgen, dass sie umgesetzt werden."
„Danke, Herr Wunder. Das wurde auch langsam Zeit."

Es geht doch – das Problem ist rein sachlich gelöst worden. Herr Wunder und Herr Kruse haben sich emotionslos unterhalten und den Konflikt „unter Männern" gelöst. Ohne Konfrontation!

Aber schauen wir genauer hin: Ist der Konflikt wirklich gelöst? Ist er überhaupt in seiner ganzen Tragweite zur Sprache gekommen? Drehte sich der Konflikt um die sachlichen Fakten oder hatte er Dimensionen jenseits der Sachlichkeit, die durch die kühle Herangehensweise der beiden Männer nicht einmal berührt wurden?

Das eigentliche Problem von Herrn Kruse ist nicht, dass seine Kritik am Software-Programm ungehört verhallt, sondern dass er vom Team mit seinen Verbesserungsvorschlägen nicht ernst genommen wird. Herr Kruse wünscht sich sowohl vom Team als auch von Herrn Wunder mehr Respekt und Wertschätzung für seine Ideen, seine Arbeit und Kritik. Hinter den Wünschen nach Anerkennung und Respekt verbergen sich Gefühle: Herr Kruse hat Angst davor, auf der Teamsitzung wieder einmal untergebuttert zu werden. Aus Selbstschutz wählt er die zynischen Kommentare, mit denen er seine Kollegen abfertigt.

Sie sehen: Hinter der Konflikt-Fassade verbirgt sich eine tiefe emotionale Dimension, die in dem sachlichen Gespräch der beiden Männer weder angesprochen, geschweige denn gelöst wurde. Herr Kruse wird seine Vorbehalte, Ängste und Bedürfnisse auch nach der „sachlichen Klärung" behalten. Der Konflikt ist bestenfalls vertagt worden.

Und auch das Problem von Herrn Wunder ist nicht nur sachlicher, sondern auch emotionaler Natur: Als Vorgesetzter hat er Verpflichtungen seiner Firma und auch seinem Team gegenüber. Er trägt Verantwortung. Durch Reibereien im Team kann es Probleme geben, die sich negativ auf Herrn Wunders Arbeit und Stellung in der Firma auswirken können. Herr Wunder hat im Zusammenhang mit diesem Konflikt Ängste und Wünsche. Er fühlt sich unter Druck, macht sich Sorgen und wünscht sich ein harmonischeres und effizienteres Team. Auch diese emotionalen Dimensionen des Konflikts auf Seiten von Herrn Wunder wurden bei dem sachlichen Konflikt-Management nicht berücksichtigt. Seine negativen Gefühle werden Herrn Wunder auch nach dem Gespräch weiter belasten, weil der Konflikt auf der zentralen Ebene des Konflikts nicht angesprochen und demnach auch nicht gelöst wurde.

Erinnern Sie sich an das Beispiel der beiden Arbeitskollegen, die sich heftig darüber stritten, ob der Punkt xy in dem Vertrag z aufgeführt ist oder nicht? Der umstrittene Punkt lässt sich natürlich rein sachlich klären – durch das Überprüfen des Vertrages. Aber mit rein sachlichen Gründen ist nicht zu erklären, warum sich die beiden überhaupt gestritten haben. Sie hätten ja einfach die strittigen Erinnerungen nebeneinander stehen lassen können – ohne Streit. Haben sie aber nicht, sondern sie haben sich gefetzt! Also hatten sie einen Konflikt auf der Beziehungsebene miteinander, und der lässt sich nicht rein sachlich klären.

Letztes Beispiel: Ein Paar streitet sich darüber, ob der neue Fernseher, den sie sich kaufen wollen, 1300 € oder 1700 € kosten darf. Auch dieser Konflikt ist nicht rein sachlich – durch einen technischen Vergleich von Fernsehgeräten beispielsweise – zu klären. Denn immerhin geht es bei der Fernseh-Frage nicht nur um ein Preis-Leistungs-Verhältnis, sondern um viele Emotionen:

→ Wer hat welche Ängste in Bezug auf das knappe Geld?

→ Wer verdient wie viel Geld?

→ Welche Prioritäten setzen die jeweiligen Partner in Bezug auf die zu tätigenden finanziellen Ausgaben der nächsten Zeit?

→ Welche Bedeutung hat der Fernseher für die beiden Konfliktpartner? Schauen sie annähernd gleich viel Fernsehen? Leidet jemand unter dem übermäßigen Fernseh-Konsum? Wünscht sich jemand alternative Freizeitaktivitäten?

→ Wer legt wie viel Wert auf technische Qualität?

→ Wer verfügt über die Fernbedienung?

→ Was könnte mit den eingesparten 400 € alternativ geschehen?

→ Usw.

Sie sehen: Der Konflikt um die 400 € Differenz birgt jede Menge emotionalen Zündstoff. Ein Streit um rationale Zahlen ist nie rational. Hinter scheinbar objektiven Bilanzen, Fakten, Zahlen, Tatsachen und Statistiken, über die zwei Parteien in einem Konflikt streiten, verbergen sich stets Emotionen. Denn in jeder Bilanz, die erstellt wird, verbergen sich bereits subjektive Annahmen und Zielvorgaben der Auftraggeber. Und jede erstellte Bilanz muss bewertet werden – von Menschen! Aus jeder Bewertung müssen Schlussfolgerungen gezogen werden, die wiederum in Handlungen umgesetzt werden. An jedem Schritt sind verschiedene Personen mit den unterschiedlichsten Bedürfnissen, Emotionen und Bewertungsmaßstäben beteiligt. Konflikte ergeben sich durch die Emotionen der beteiligten Menschen, nicht durch die Zahlen. Zahlen leben erst durch die Bedeutung, die wir ihnen beimessen. Die Beimessung von Bedeutung ist subjektiv und emotional.

Jede wirtschaftliche Entscheidung in einem Unternehmen, die auf nüchternen Bilanzen beruht, ist immer auch eine Prognose über die anzunehmende zukünftige wirtschaftliche Entwicklung. Prognosen sind eine Mischung aus Fakten und Feeling. Gute Manager und Chefs zeichnet aus, dass sie neben einem fundierten Datenmaterial vor allem auch einen guten Riecher für die Zukunft haben. Sie verlassen sich im Zweifelsfall immer auch auf ihre Intuition. Mit anderen Worten: Selbst in der scheinbar nüchternen Welt der Börsen und Bilanzen werden weitreichende Entscheidungen letztlich auf der Basis von Emotionen gefällt – und über die Emotionen wird gestritten, nicht über die Zahlen. An den Zahlen machen die beteiligten Konfliktparteien ihre Emotionen fest.

Es gibt keine rein sachlichen Konflikte. Daher gibt es auch keine Möglichkeit, einen Konflikt rein sachlich lösen zu können. Das eigentliche Konfliktpotenzial liegt auf der emotionalen Ebene. Nur wenn diese Ebene von den Akteuren in den Konflikt integriert wird, ist er wirklich lösbar.

18. „Ich bin ganz Ohr"
Zweites verbales Standbein: authentisches Zuhören

K ehren wir zurück zum Konflikt um das Radio im Büro. Wir möchten Ihnen in den folgenden Abschnitten eine weitere ergänzende Möglichkeit vorstellen, sich kooperativ im Konflikt zu verhalten: das authentische Zuhören.

Möchten wir einen Konflikt – gleich welcher Art – kooperativ lösen, so ist es unumgänglich, dass wir neben unserer eigenen auch die gesamte Bandbreite der Emotionen und Bedürfnisse unseres Konfliktpartners in Erfahrung bringen, damit diese in den Konflikt integriert werden. Neben der Respektierung eigener Interessen setzt die konstruktive Konfliktbewältigung die Respektierung fremder Interessen voraus. Doch um diese zu respektieren, müssen Sie sie erst einmal kennen. Die notwendige innere Einstellung heißt: *„Ich habe dir meinen Standpunkt dargelegt; mich interessiert jetzt dein Standpunkt."*

Erst auf der Basis der Bewusstheit eigener wie fremder Emotionen, Gedanken und Bedürfnisse lassen sich gemeinsame Lösungen finden, die einen Großteil beidseitiger Interessen und Wünsche berücksichtigen.

Die Technik, durch zielgerichtete Fragen nähere Informationen über die Hintergründe des Konfliktpartners in Erfahrung zu bringen, ist in den letzten Jahrzehnten unter dem Begriff **aktives Zuhören** verbreitet, systematisiert und verfeinert worden. Ebenso aber auch das emphatische und bewusste (d.h. nicht urteilende) Annehmen der Gefühle und Bedürfnisse oder Wünsche des anderen ohne ein explizites Ziel bis zu einem Punkt, an dem der andere beginnt, selbstverantwortlich zu handeln. Aktives Zuhören ist zum unverzichtbaren Bestandteil kooperativer, verbaler Konfliktlösungs-Strategien geworden:

Ein Beispiel: Ein Schüler sitzt nach der Stunde, die eine Lehrerin gerade in der betreffenden Klasse gehalten hat, zusammengekauert in der Ecke und liest. Da es eine Regelung an der Schule gibt, die besagt, dass die Schülerinnen und Schüler bei gutem Wetter den Klassenraum zu verlassen haben, bedrängt die Lehrerin den Schüler mit folgenden Worten:

L: *„Na Thomas, was ist? Pack deine Bravo ein und geh raus auf den Hof. Ich muss hier abschließen."*
Th: *„Ich will aber nicht. Ich will hier bleiben, weil ich lesen möchte."*
L: *„Das geht aber nicht. Bei gutem Wetter müsst ihr raus. Also komm."*
Th: *„Ich will aber nicht raus. Bitte lassen Sie mich hier lesen. Bitte!"*

Hier ist nun nachzulesen, was der Schüler gesagt hat. Er will nicht raus, **weil** er lesen möchte. Nennen wir diesen Teil der Aussage des Schülers ***verbale Botschaft.*** In der Aussage des Schülers ist jedoch noch ein zweiter Aspekt enthalten, der sich zwischen und hinter den Worten verbirgt: Der Schüler sitzt zusammengekauert auf seinem Stuhl. Diese Körperhaltung und die wiederholte Bitte, in der Klasse bleiben zu dürfen, könnten wichtige Hinweise darauf sein, dass sich ein anderes Bedürfnis hinter dem Wunsch des Schülers verbirgt, in der Klasse bleiben zu dürfen, als nur lesen zu wollen. Nennen wir diesen Teil der Aussage des Schülers ***nonverbale Botschaft.*** Hier äußert sich die Gefühlslage des Senders. Während der verbale Teil der Botschaft Auskunft darüber gibt, was der Schüler gesagt hat, können wir aus dem nonverbalen Teil der Aussage ableiten, was er gemeint haben könnte und welche Empfindungen ihn bewegen und innerlich beschäftigen mögen.

Nehmen wir also einmal an, die Lehrerin ist die Klassenlehrerin des Schülers und dieser geht sonst gerne auf den Schulhof, um mit seinen Freunden zu spielen. Auch ist die zusammengekauerte Sitzhaltung untypisch für den sonst sehr agilen Schüler. Die Lehrerin stutzt und macht sich Sorgen. Sie möchte herausfinden, was sich hinter dem außergewöhnlichen Verhalten des Schülers verbirgt. Sie vermutet, dass der Schüler nicht in der Klasse bleiben möchte, **um zu lesen**, sondern um andere Interessen zu verfolgen. Die Lehrerin verzichtet auf die Durchsetzung ihres eigenen legitimen Interesses nach einer Pause. Sie geht über zum aktiven Zuhören:

„Aber Thomas, du bist doch sonst immer der Erste, der auf den Schulhof stürmt. Was ist los?"
„Ich will einfach nur lesen."
„Das könntest du doch auch draußen. Hast du Ärger mit anderen Kindern und möchtest deshalb in der Klasse bleiben?"
Th: *„———"*
„Du wirst geärgert und deshalb hast du Angst, zu den anderen auf den Schulhof zu gehen, stimmt es"?
„Nicht nur geärgert."
„Nicht nur geärgert? Also was Schlimmeres als Ärgern?"
„Das kann ich nicht sagen."
„Weil du Angst hast, dass es dadurch noch schlimmer wird?"

Wenn man sich das Gesprächsverhalten der Lehrerin einmal genauer betrachtet, so fällt eines auf: Die Lehrerin hat nach der ersten offenen Frage („Was hast du?") , die der Schüler nicht beantwortet hat, eine geschlossene Frage gestellt („Hast du Ärger ...?") und anschließend fragende Feststellungen formuliert. Sie hat das verbale und nonverbale Verhalten des Schüleres entschlüsselt und durch geschlossene Fragen und fragende Feststellungen versucht, die Hintergründe des Schülerverhaltens zu erforschen. Sie wollte sich Klarheit darüber verschaffen, was die wirklichen Beweggründe des Schülers sind, nicht auf den Schulhof gehen zu wollen. Sie hat bereits am Anfang des Gesprächs einen Widerspruch zwischen der verbalen und nonverbalen Aussage des Schülers wahrgenommen: *Ich will hier bleiben, weil ich lesen möchte* einerseits – zusammengekauerte Haltung andererseits. Sie hat nicht nur auf die verbalen Aspekte der Schüler-Botschaft geachtet, sondern auch aus deren nonverbalen Aspekten Rückschlüsse gezogen. Durch aktives Zuhören hat sie versucht, die von ihr wahrgenommenen widersprüchlichen Botschaften zu entschlüsseln. Ihr Interesse an dem Schüler lässt sie zu dessen versteckten emotionalen und motivationalen Ebenen durchdringen.

Das, was ein Zuhörer zwischen den Zeilen herausfiltert und durch fragende Feststellungen dem Sender zurückmeldet, muss nicht mit dem identisch sein, was dieser meint. Der Sender wird eine nicht ganz zutreffende Feststellung des Empfängers korrigieren; man kann also nichts „falsch" machen:

Rita: *„Mensch, Inge, was ist los. Ärger mit dem Chef?"*
Inge: *„Nö, mit dem nicht."*
Rita: *„Mit deinen Kolleginnen?"*
Inge: *„Auch nicht. Meine Kinder machen mir ein wenig Sorgen."*

Geschlossene Fragen und fragende Feststellungen als zentrale Elemente des aktiven Zuhörens haben gegenüber offenen Fragen den Vorteil, dass sie es einem verschlossenen oder gar verstockten Gesprächspartner erleichtern, wenigstens kurze Antworten geben zu können. Vergleichen Sie einmal folgende Möglichkeiten:

L: *„Aber Thomas. Was hast du denn?"*
Oder:
L: *„ Thomas, ich sehe doch, dass du nicht nur lesen willst. Du hast Ärger mit deinen Freunden und möchtest deshalb nicht raus? Stimmt's?"*

Auf die erste Frage müsste der Schüler mit langen Sätzen und Erklärungen antworten, die ihm im Moment jedoch nur schwer über die Lippen gehen. Auf die fragende Feststellung dagegen kann der Schüler mit Ja oder Nein antworten, und die Lehrerin ist mit jeder der beiden Antworten einen wichtigen Schritt weitergekommen.

Geschlossene Fragen und fragende Feststellungen des Senders, die auf die emotionale Ebene des Konfliktpartners abzielen, erhöhen die Wahrscheinlichkeit, dass dieser reagiert und die emotionalen Beweggründe seines Verhaltens offen legt. Dabei lässt die fragende Feststellung dem Partner den größeren Freiraum, während Fragen eher ein Führungsinstrument sind und eine Richtung vorgeben.

Der verstockte Schüler aus unserem Beispiel macht es der Lehrerin nicht leicht. Er hat Angst, seine Probleme zu äußern. Vielleicht fürchtet er Sanktionen seiner Kameraden, wenn er petzt. Oder aber er zweifelt, ob er der Lehrerin wirklich vertrauen kann. Die Mauern der Verstocktheit fungieren dann als Proben, ob sie es tatsächlich ernst meint mit ihrem Interesse an den Problemen des Schülers. Jede Hürde, die vom Schüler errichtet und von der Lehrerin genommen wird, soll diesem beweisen, dass sie ihr eigenes Interesse nach einer Pause vertagt, um sich ganz ihm und seinen Problemen zu widmen. Jede vom Schüler aufgestellte und von der Lehrerin überwundene Barrikade signalisiert diesem Wertschätzung seitens der Lehrerin. Und allein die Wertschätzung ist der Schlüssel für das Vertrauen des Schülers, sich mit seinen Problemen an die Lehrerin wenden zu können.

„Ich interessiere mich für deine Probleme, weil du mir wichtig bist", so lautet die versteckte Aussage des aktiven Zuhörens. Und auf einer tieferen Ebene mit Rückbezug auf unser Kapitel „Selbstverantwortung" lautet die Botschaft: *„Ich weiß, dass hinter deinen Schilderungen das gesamte Potenzial für die Lösung des Konflikts liegt. Ich bin bereit, dabei zu sein, wenn du ihn löst. "*

Es macht einen großen Unterschied, ob eine Feststellung als Frage oder als Tatsache formuliert wird. Der Ton macht bekanntlich die Musik. Stellen Sie sich den folgenden Satz der Lehrerin einmal als Frage und einmal als Aussage vor. Lesen Sie ihn einmal mit Fragezeichen, einmal mit Ausrufezeichen und hinterfragen Sie die Wirkung auf den Schüler:
L: *„Du hast Ärger mit deinen Freunden und möchtest deshalb nicht raus (?/!)"*

Der Unterschied liegt im Status der Lehrerin. Im Falle einer Frage äußert sie ihre Vermutung und wünscht sich Bestätigung oder Widerlegung seitens des Schülers. Äußert sie dagegen ihren Verdacht mit einem Ausrufezeichen, so agiert sie vom „hohen Ross" aus. Sie stellt sich weit über den Schüler und agiert wie eine Analytikerin. Sie signalisiert diesem, besser zu wissen, was mit ihm los ist. Sie kommuniziert nicht mit der inneren Einstellung, den Schüler verstehen zu wollen, sondern diesem seine eigenen Probleme zu erklären. Sie kontrolliert das Gespräch.

Das aktive Zuhören, wenn es von Echtheit und Aufrichtigkeit getragen ist, signalisiert, den anderen in seiner Sichtweise anzunehmen, ihn zu würdigen und in seinem Selbstbild zu achten. Aktives Zuhören in einem Gespräch signalisiert Wertschätzung.

Der Empfänger bemüht sich, die emotionalen Hintergründe des Senders zu verstehen und anzunehmen. In Problemgesprächen fällt es uns leichter, uns zu öffnen und die angstbesetzten emotionalen Seiten zu zeigen, wenn unser Gesprächspartner uns sehr nah ist. Nur wenn die Lehrerin ihren hohen Status an den des Schülers angleicht, hat sie eine Chance, zu diesem durchzudringen. Um dieses Phänomen der Status-Angleichung als Signal für Wertschätzung zu verdeutlichen, stellen Sie sich nur noch einmal zwei Gesprächshaltungen vor:

1. Die Lehrerin nimmt sich einen Stuhl, setzt sich neben den Schüler und führt das Gespräch auf Augenhöhe.
2. Die Lehrerin führt das Gespräch im Stehen; der Schüler sitzt zusammengekauert auf seinem Stuhl.

Unschwer zu erkennen, dass die sitzende Lehrerin durch ihre Status-Angleichung Partnerschaftlichkeit signalisiert, während das Stehen Überheblichkeit und damit Hierarchie äußert. Ähnlich verhält es sich mit den Feststellungen: Werden diese fragend formuliert, findet eine Status-Angleichung statt. Das Gespräch verläuft partnerschaftlicher und damit näher.

Eine Status-Angleichung findet auf zwei Ebenen statt – einer verbalen und einer nonverbalen. Vermeiden Sie beim aktiven Zuhören Signale der Überheblichkeit, denn diese resultiert aus dem Glauben, der Kommunikationspartner könne seine Probleme nicht aus eigener Kraft lösen:

→ Bagatellisierungen: *„Ist doch nicht so schlimm."* Doch! Für den Schüler ist es schlimm. Jede Bagatellisierung signalisiert Besserwisserei und Verharmlosung. Die heimliche Botschaft: *„Du erlebst das falsch!"*

→ Beruhigungen: *„Nun ärger dich doch nicht."* Doch! Nehmen Sie den Ärger Ihres Konfliktpartners ernst. Jedes Gefühl ist berechtigt. Es gibt keine falschen Gefühle.

→ Moralisierungen: *„Das kannst du doch so nicht sehen."* Doch! Die subjektive Sichtweise des Konflikts ist legitim.

→ Belehrungen: *„Du weißt, dass an einem Streit immer zwei beteiligt sind."* Klar! Aber Sie interessieren sich jetzt (!) für die Gefühle des Schülers und nicht für den „objektiven" Tatvorgang.

→ Beschuldigungen: *„Das hast du dir doch selbst eingebrockt."* Vielleicht! Aber sie sollten zunächst den Jungen verstehen und ihn in seiner Sichtweise annehmen, statt ihn verändern zu wollen.

→ Lösungen und Hilfen: *„Das ist doch ganz leicht: (...) Ich helfe dir dabei."* Nein! Erstens ist es für den Schüler alles andere als leicht, zweitens soll er sich selbst helfen und drittens geht es noch nicht um Lösungen, sondern um die Emotionen des Schülers und die Bestimmung des Konfliktrahmens.

→ Ablenkungen: *„Komm, wir gehen was essen, dann vergisst du den ganzen Kram."* Fragt sich nur, wie lange. Ablenkungen entstammen der Kiste der „Schnullertechniken". Sie funktionieren – aber nicht lange!

→ Analysen: *„Also wenn du mich fragst, ist dein Mann einfach ein bisschen neurotisch und in der Lebensmittekrise."* Der beratenen Person werden Urteile angedient, die bei jener zu noch mehr Ärger führen können.

All diese *-ungen* werden aus einem hohen Status heraus kommuniziert: Der Empfänger signalisiert dadurch, dass er besser zu wissen glaubt als der Sender, was getan werden muss. Er stellt sich damit **über** ihn, und nicht **neben** ihn. Statt sich mit seinen Problemen akzeptiert und ernst genommen zu fühlen, bekommt der Empfänger vom Sender vermittelt, unfähig oder fehlerhaft zu sein. Indirekt werden dessen Emotionen und dessen Verhaltensweisen kritisiert statt respektiert und seine innere Weisheit wird geleugnet.

Das Herz des aktiven Zuhörens jedoch ist die Vermittlung von Wertschätzung: Aufwertung statt Abwertung: *„Wenn du über das Problem verfügst, liegt die Lösung dafür auch in dir. Ich bin bereit, dir so lange zuzuhören, bis du die Lösung in dir findest. "*

Diesen zentralen Satz über das aktive Zuhören möchten wir Ihnen an einem extremen Negativ-Beispiel noch einmal erläutern: Was wäre gewesen, wenn die Lehrerin lediglich ihr Interesse an der eigenen Pause verfolgt und den emotionalen Teil der Schüler-Botschaft „übersehen" hätte? Wie hätte der Dialog zwischen der Lehrerin und dem Schüler ausgesehen, wenn sie sich überhaupt nicht für die Belange ihres Schülers interessiert hätte? Wie wäre der Konflikt ohne jegliche Offenheit und Wertschätzung verlaufen?

L: *„Na Thomas, was ist? Pack deine Bravo ein und geh raus auf den Hof. Ich muss hier abschließen. "*
Th: *„Ich will aber nicht. Ich will hier bleiben, weil ich lesen möchte. "*
L: *„Das geht aber nicht. Bei gutem Wetter müsst ihr raus. Also komm. "*
Th: *„Ich will aber nicht raus. Bitte lassen Sie mich hier lesen. Bitte. "*
L: *„Keine Diskussion: Bei gutem Wetter müsst ihr raus. Lesen kannst du auch draußen. Also mach schnell; ich muss hier abschließen. Raus. "*
Th: *„Aber Sie können doch abschließen. Ich will drinbleiben. Bitte. "*
L: *„Das geht nicht. Nun mach schon. Ich will meine Pause. "*

Hier geht die Lehrerin zur Tagesordnung über und nimmt an, dass der Konflikt zwischen ihr und Thomas verläuft: Der Schüler möchte in der Klasse bleiben, **um zu lesen** – die Lehrerin möchte Thomas in die Pause schicken, um selbst im Lehrerzimmer Kaffee trinken zu können. Sie ist nicht einmal in der Lage, den wirklichen Konfliktrahmen zu begreifen. Ihre Wahrnehmung ist durch den Wunsch, die eigenen Bedürfnisse durchsetzen zu wollen, eingeschränkt. Die eigentlichen Beweggründe des Schüler-Verhaltens in dem Konflikt bleiben ihr verborgen. Durch die einseitige Verfolgung ihres legitimen (!) Interesses nach einer Pause ist sie „nicht ganz Ohr" für die Probleme ihres Schülers. Sie kann ihrem Schüler nicht mit Respekt begegnen, weil sie sich wegen ihrer eigenen Bedürfnislage nicht auf die Probleme des Schülers einlassen kann oder will.

Doch selbst wenn die Lehrerin die Technik des aktiven Zuhörens praktiziert, können „Kleinigkeiten" ein Gespräch kippen lassen. Jede Äußerung der Lehrerin, mit der sie ihre eigenen Probleme in den Vordergrund des Konflikts rückt, lassen beim Schüler Zweifel daran aufkeimen, dass sie tatsächlich ein Interesse an ihm hat:

L: *Aber Thomas, du musst mir schon sagen, was los ist. Ich habe nicht ewig Zeit. Du hast Ärger mit Klaus, stimmt's."*
Th: *(—)*

Die Lehrerin stellt mit dieser kurzen, unbedachten Äußerung ihr eigenes Zeitproblem in das Zentrum des Konflikts. Sie macht sich zum Opfer ihres Schülers, indem sie ihm die Verantwortung zuschiebt. Die heimliche Botschaft lautet: *„Du stiehlst mir meine Zeit, weil du dich nicht öffnest."* Der Schüler spürt: *„Nicht ich mit meinem Problem stehe im Vordergrund ihres Interesses, sondern ich stelle ein Problem für sie dar, dessen Lösung sie pressiert. Ich bin schuld."* Der Schüler empfindet Druck und macht dicht.

Dieses Beispiel verdeutlicht: Aktives Zuhören ist mehr als die Anwendung verschiedener verbaler und nonverbaler **Techniken**. Es ist Ausdruck einer **inneren Haltung**.

Das aktive Zuhören ist Ausdruck eines wirklichen Interesses der zuhörenden Person am Kommunikationspartner. Aktives Zuhören ist Ausdruck des Wunsches nach Begegnung – nach Kooperation.

Wenn eine Person die innere Haltung hat, ein Gespräch bzw. den Konfliktpartner gängeln (= drücken!) zu wollen, dann ist deren innere Haltung geprägt von Kontrolle. Aktives Zuhören verkommt auf der Basis dieser inneren Haltung zu einem Verhör.

Wir möchten an dieser Stelle eine begriffliche Modifizierung vornehmen, um zu betonen, dass es uns nicht um die Vermittlung von Techniken, sondern um Authentizität geht. Das aktive Zuhören ist eine verbale Technik, die zu einem Instrument der Manipulation und der Konfrontation führen kann, wenn die grundlegende emotionale Einstellung der fragenden Person nicht die ist, wertschätzende Kommunikation zu praktizieren. Um diesen grundlegenden Aspekt der Wertschätzung zu betonen, werden wir den Begriff des aktiven Zuhörens ersetzen durch den Begriff des authentischen Zuhörens.

Das Wesen des authentischen Zuhörens ist nicht die korrekte Anwendung von Fragetechniken, sondern einerseits der Wunsch, den Konfliktpartner verstehen zu wollen, und andererseits die Gewissheit, dass er auch über die Lösung verfügt.

L: *„Wer ärgert dich? Wieder Klaus?"*
Th: *„Nö, Klaus nicht."*
L: *„Carsten und Mehmet?"*
Th: *„Carsten nicht."*
L: *„Mehmet?"*
Th: *„Ja."*
L: *„Und deine Angst vor Mehmet ist so groß, dass du dich nicht auf den Schulhof traust?"*
Th: *„Mmh."*
L: *„Ist außer Mehmet noch jemand beteiligt?"*
Th: *„Noch zwei."*
L: *„Und vor denen hast du Angst?"*
Th: *„Mmh."*
L: *„Die drei bedrohen dich?"*
Th: *„Nicht nur."*
L: *„Also tun sie dir auch was?"*
Th: *„Wenn ich nicht tue, was sie sagen."*
L: *„Sie erpressen dich."*
Th: *(—)*
L: *„Sie wollen Geld von dir?"*
Th: *„Ja."*

Jetzt ist es raus! Der tatsächliche Konflikt hat Ausmaße, die sich der fragenden Lehrerin nur dann erschließen können, wenn sie nicht nur das aktive Zuhören technisch korrekt anwendet, sondern wenn sie bereit ist, sich auf die Hintergründe, Bedürfnisse und Emotionen des Schülers ganz und gar einzulassen.

Die Lehrerin hat die innere Einstellung, die Gesamtheit der Emotionen und Bedürfnisse ihres Schülers in Erfahrung bringen zu wollen. Dadurch erleichtert sie es ihm, diese in den Konflikt integrieren zu können. Dann – und nur dann – praktiziert sie authentisches Zuhören.

Aber Vorsicht: Die Technik des aktiven Zuhörens wurde in den 60er Jahren von zwei Vertretern der Humanistischen Psychologie – den Psychiatern Gordon und Rogers – entwickelt, um durch gezielte Fragen den Patienten zu helfen, sich zu öffnen, und um wichtige Informationen von ihnen zu erhalten. Zwischen Psychiatern und Klienten gibt es eine formale Hierarchie. Das aktive Zuhören ist demnach zunächst einmal ein Führungsinstrument. Wer fragt, führt! Die Psychiater führen die Klienten durch gezielte Fragen an deren wichtige Probleme heran. Es besteht in der Kommunikation ein Status-Unterschied. Der Psychiater ist der „Vorgesetzte" des Klienten.

Hier kann genau das Problem des aktiven bzw. authentischen Zuhörens liegen: Wenn Sie das authentische Zuhören auf eine Gesprächssituation zwischen Freunden übertragen, dann können Ihre Fragen sehr penetrant und arrogant wirken.

Sie brauchen viel Einfühlungsvermögen und Status-Bewusstheit, um das authentische Zuhören in Konflikten anzuwenden, die Sie mit hierarchisch gesehen gleichberechtigten Personen haben. Je offener Sie die Fragen halten, desto partnerschaftlicher ist Ihr Status:

„Peter, hast du einen Moment Zeit für mich? Ich habe ein Problem, das ich gerne mit dir besprechen möchte."
„Klar, worum geht es? Schieß los."
„Es geht um das Radio. Du hängst da sehr dran, oder?"
„Ja klar, wieso? Nervt es dich?"
„Manchmal ja. Und mich interessiert, wie wichtig es dir ist."
„Wie? Was meinst du damit?"
„Na ja, ich will nicht einfach sagen: »Mach das Radio aus, es nervt!« Ich merke, dass es dir wichtig ist, weiß aber nicht, was es genau für dich bedeutet."
„Was soll ich jetzt sagen? Stufe zwei, drei oder vier?"
„So natürlich nicht. Aber ist es die allgemeine Untermalung, ist es mehr die Musik oder sind es die Textbeiträge?"
„Eigentlich alles. Ich brauche das Radio als Ablenkung, aber manche Informationen sind mir eben auch wichtig."

Bis hierhin war der Status der beiden Kollegen ausgeglichen. Die Fragen des Kollegen erfolgten aus einer partnerschaftlichen Position und haben vielleicht Irritation, doch keinen Widerstand erzeugt. Aber achten Sie einmal auf den schleichenden Status-Wechsel. Je geschlossener die Fragen werden, desto mehr rutscht der fragende Kollege in den Psychiater-Hoch-Status:

„(...) Ich brauche das Radio als Ablenkung."
„Ablenkung heißt, dass dich unsere Arbeit eigentlich nervt?"
„Sagen wir mal so: Ständig die gleichen Aktenberge abarbeiten ist nicht gerade die Erfüllung."
„Und das Radio macht es dir erträglicher?"
„Kann man so sehen. Ist halt ein Stück Lebensqualität. Außerdem habe ich nach Feierabend immer so viele Termine, dass ich weder dazu komme, Nachrichten zu gucken noch Zeitung zu lesen. Ich kriege überhaupt nicht mehr mit, was los ist in der Welt. Dafür brauche ich das Radio."

„Verstehe. Das Radio erfüllt dir also zwei Wünsche: Ablenkung und Information."
„Sag' mal, ist das ein Verhör oder was? Sag' doch direkt, ich soll die Kiste ausmachen. Spar dir deinen Sherlock Holmes! Oder hast du ein Kommunikationsseminar besucht?"

Warum werden die gleichen Fragen unterschiedlich aufgenommen und beantwortet, je nachdem ob die fragende Person mein Partner oder Vorgesetzter ist?

Hier zwei Antworten:
1. Bei jedem Konfliktgespräch stellt sich zunächst die Frage, wer überhaupt das Problem hat. Wenn A ein Problem mit dem Radio hat und dann beginnt, bei B zuzuhören, ist er bereits nicht mehr authentisch, weil er sein Problem mit dem Radio B unterschieben will. Fragen werden dann, wie auch im vorliegenden Beispiel, oft abgeschmettert.

2. Wir gestehen Vorgesetzten ihre Führungsposition zu und damit intuitiv die Berechtigung für einen höheren Status. In diesem Status gestehen wir ihnen die Legitimität zu, uns befragen zu dürfen und durch ihre Fragen die Führung zu übernehmen. Wir erlauben es höher gestellten Personen, durch bohrende Fragen in uns einzudringen, so wie wir es ihnen leider (!) auch allzu oft zugestehen, ohne Klopfen in unser Büro zu treten oder in unseren Rederaum einzudringen, indem sie uns ins Wort fallen. Das gleiche Hoch-Status-Verhalten jedoch würden wir uns bei unseren Freunden und Partnern unverzüglich verbitten. Jenen gestehen wir nicht das Recht zu, uns verhören zu dürfen. Wir erwarten von ihnen einen partnerschaftlichen Status.

Wer fragt, führt! Führen durch Fragen ist Ausdruck einer hierarchischen und nicht partnerschaftlichen Kommunikation. Ihre innere Haltung sollte in einem Konfliktgespräch also nicht der Wunsch nach Führung, sondern der Wunsch nach Begegnung sein.

19. „Alles wahre Leben ist Begegnung!"
Die verbindende Kraft des authentischen Zuhörens

in Beispiel aus der Geschäftswelt: Schauen wir uns eine Führungskraft an, die mit einem Mitarbeiter redet, der vor drei Wochen von einem anderen Vorgesetzten in einer Teamsitzung heftig kritisiert wurde und sich seitdem mit Vorschlägen und kreativen Beiträgen zurückhält. Bis zu diesem Vorfall war er eine der treibenden Kräfte im Team:

„Herr Vollmer, mir fällt auf, dass sie seit drei Wochen in den Teamsitzungen keine Vorschläge und Ideen mehr einbringen. Möchten Sie darüber sprechen?"
„Jeder hat mal schlechte Zeiten."
„Herr Vollmer, wir brauchen jeden Mann, und Ihre Vorschläge waren immer ausgezeichnet. Sie sind eine tragende Kraft in unserem Team. Was ist denn los?"
„Das wissen Sie doch; Sie waren doch dabei."
„Sie meinen die Sache vor drei Wochen?"
„Ja natürlich."
„Dafür finden wir eine Lösung. Ich werde mit Herrn Maier über den Vorfall sprechen. Das kann doch unsere Arbeit nicht blockieren. Ich brauche Sie."

Das Gespräch verläuft auf der Ebene von Kontrolle. Die Führungskraft hat das Ziel, den Mann wieder ins Boot der Leistung zu holen. Der Vorgesetzte bemüht sich, den Konflikt zu managen und benutzt sein gewonnenes Wissen, um den Streit möglichst „sachlich" aus der Führungsposition heraus zu klären. Er verfolgt das Interesse, die Reibungsverluste innerhalb seiner Abteilung zu minimieren. Der Vorgesetzte benutzt das aktive Zuhören, um die eigene Führungsposition zu festigen. Er praktiziert scheinbare Wertschätzung *(„Sie sind eine tragende Kraft in unserem Team. Ich brauche Sie.")*, um den Mitarbeiter zu motivieren. Doch die Wertschätzung in diesem Konflikt ist aufgesetzt. Der Vorgesetzte hat kein Interesse an den Problemen des Mitarbeiters, sondern er benutzt das aktive Zuhören als Führungstechnik, um den Mitarbeiter wieder auf Linie zu bringen und seine eigenen Interessen nach einer effizienten Abteilung zu verfolgen: *„Ich als Vorgesetzter habe ein Problem. Um dieses Problem zu lösen, muss ich den Mitarbeiter wieder für mich gewinnen."*

Wie aber könnte ein derartiger Dialog verlaufen, wenn der Vorgesetzte ein wirkliches Interesse an den Problemen seines Mitarbeiters entwickelt und authentisch zuhört? Fangen wir noch einmal an:

„Herr Vollmer, mir fällt auf, dass sie seit drei Wochen in den Teamsitzungen keine Vorschläge und Ideen mehr einbringen. Möchten Sie darüber sprechen?"
„Jeder hat mal schlechte Zeiten."
„Für Sie läuft es im Moment nicht so gut hier?"
„Es gab bessere Zeiten."
„Das klingt ziemlich nach Frust!"
„Hm"
„Ich vermute, Ihr Frust hat was mit der Kritik von vor drei Wochen zu tun?"
„Man sollte das vielleicht alles nicht so ernst nehmen."
„Aber Sie nehmen es schon sehr ernst?"
„Wer wird schon gerne kritisiert vor der Mannschaft?"
„Sie erwarten von den anderen mehr Respekt Ihrer Meinung gegenüber?"
„Ist doch wohl klar, nach so vielen Jahren hier in dieser Abteilung?"
„Es wäre angemessen, wenn man nach so langer Zeit Ihre Vorschläge beachtet."
„Was heißt Beachtung? Mich vor der ganzen Mannschaft runterzuputzen, das musste doch nicht sein!"
„Sie wollen, dass über Ihre Vorschläge nicht direkt »geurteilt« wird?"
„Das wäre ein super Anfang; oder dass man sie zumindest mal durchspielt, wenn auch nur in Gedanken, bevor man draufhaut."
„Also die Ideen nicht direkt bewerten und erst einmal experimentieren und ausprobieren, bevor man sie verwirft."
„Das klingt vernünftiger als unsere morgendliche Schlammschlacht."
„Ich glaube, der Vorschlag kommt auch bei den anderen gut an."
„Ja, natürlich. So geht es nicht weiter."

Das Gespräch kam zum Zentrum des Konflikts. Die Kontrolle und der Wunsch nach Manipulation und Management des Konflikts standen hier – im Gegensatz zum Beispiel oben – nicht im Vordergrund des Gesprächs. Natürlich hat auch dieser Vorgesetzte die Belange seiner Abteilung, und damit eigene Interessen, vor Augen. Aber diese Führungskraft hat sich nicht davor gescheut, die Emotionen und Bedürfnisse des Mitarbeiters in den Konflikt zu integrieren. Der Vorgesetzte hat den Problemen des Mitarbeiters Raum gegeben und nicht seine eigenen Schwierigkeiten in das Zentrum des Konflikts gerückt. Und hier entstand „zufällig" eine Lösung, die für das ganze Team wertvoll sein könnte und damit auch für die unternehmerischen Interessen.

Authentisches Zuhören sucht nach der Authentizität des Konfliktpartners. Es durchbricht die Abhängigkeiten (die Kollegen sind schuld; ich bin schuld) durch

deren vollständige Akzeptanz und macht so den Weg frei zum vitalen Kern des Problems, in dem sich die Lösungen „wie von selbst" präsentieren.

Authentisches Zuhören ist ein sehr erstaunliches und wundervolles „Verhalten". Sein Wesen ist (idealtypisch) eine bewertungsfreie Haltung, die dazu führt, dass Sprecher und Zuhörer sich begegnen. Es können Dinge geäußert werden, die noch nicht gesagt wurden. Authentisches Zuhören stellt eine vollkommene Balance zwischen Führen und Geführtwerden her, ja beide Polaritäten verschmelzen zu einer Art Tanz, in dem sich eine neue Form authentischer Partnerschaft ergibt: Beide Partner finden sich in einer selbstverantwortlichen und vitalen Gewissheit wieder, die man manchmal Empathie nennt oder auch Kreativität.

Beim authentischen Zuhören lassen wir uns vom anderen leiten – mitten hinein in seine Welt, hin zu seiner Vitalität und Kreativität. Glauben wir nicht an diesen Schatz der Vitalität oder erleben ihn einmal im Alltag in uns selbst und anderen, so werden wir kaum den Atem haben, diese Form der Kommunikation zu pflegen. Dann erliegen wir der Gefahr, nur unsere eigene Meinung über unser Gegenüber zu erkunden. Die Gespräche verlaufen so, dass wir uns im Grunde nur selbst zuhören. Wir sprechen mit uns selbst. Dialoge verlaufen nach dem Prinzip des „Self-full-filling-Prophecy". Wir hören aus dem Munde der anderen Person bestenfalls das, was wir hören wollen. Wir legen es ihr, ohne es zu merken, selbst in den Mund.

Denn wer im Vorfeld weiß, was er finden wird, wird auch nur finden, was er weiß. Das Gespräch führt nicht zur Begegnung durch Bewegung, sondern zur Erstarrung.

Wir hören mit den Ohren. Diesen Satz würde jeder von uns bedenkenlos unterschreiben. Und doch dürfte aus den vergangenen Abschnitten deutlich geworden sein, dass wir zum authentischen Zuhören weit mehr benutzen müssen als nur unsere Ohren. Das authentische Zuhören geschieht mit allen Sinnen. Oft verdeutlicht uns die Körpersprache unseres Gegenübers mehr, als dessen Worte erzählen können. Wir müssen also auch mit den Augen und dem ganzen Körper hören. Und wir müssen auch unsere Gedanken auf Empfang stellen, denn nur so können wir offen sein für die nonverbalen und verbalen Äußerungen unseres Kommunikations-Partners. Und wir sollten auf unser Gefühl hören, das manchmal Zwischentöne vernimmt, die unseren Ohren entgehen.

Die Basis für das authentische Zuhören muss nicht Sympathie oder Liebe sein. Der Wunsch nach Begegnung kann auch auf der Einsicht beruhen, dass die Konfliktpartner noch eine lange Zeit gut miteinander auskommen müssen.

Aber wir wollen gerne eingestehen, dass es in unserem Alltag zahlreiche Konflikte gibt, in denen authentisches Zuhören nicht authentisch wäre:

→ Wenn ich mit einem Messer bedroht werde, dann sind mir die Emotionen und Bedürfnisse meines Kontrahenten nur so weit wichtig, als ich sie für meine eigene Unversehrtheit funktionalisieren kann.

→ Wenn uns im Straßenverkehr ein Autofahrer „blöd kommt", dann gehen wir oft lautstark in die Konfrontation, weil uns die weitere Beziehung zu dem Raser egal ist. *„Der kann mich mal!"* – aber nur, weil er mir künftig nichts kann.

In diesen und ähnlichen Konflikten, in denen ein mittel- oder langfristiger Kontakt ausgeschlossen ist, kann es sein, dass wir **keinerlei** Interesse daran haben, die Beziehung positiv zu gestalten. Authentisches Zuhören wäre nicht authentisch. Aber wenn wir ehrlich sind, machen diese konflikthaften Situationen nur einen Bruchteil unserer tatsächlichen Konflikte aus.

In der erdrückenden Mehrzahl unserer Konflikte spielt die (künftige) Beziehung zu unseren Konfliktpartnern eine wesentliche Rolle. In diesen Fällen führt authentisches Zuhören zur Begegnung.

20. Vom Standpunkt zur Bewegung
Konflikt als gemeinsame Vorwärtsbewegung

Das erste Standbein kooperativer Konfliktbearbeitung war das authentische Senden vitaler Emotionen, Bedürfnisse und Wünsche. Das zweite Standbein war das authentische Zuhören, um die vitalen Emotionen, Bedürfnisse und Wünsche unseres Konfliktpartners kennen zu lernen. Wir sollten uns in einem Konflikt auf beide Standbeine stellen, um einen sicheren Stand zu haben:

Gastgeber: *„Ach komm. Jetzt habe ich Zeit für dich. Meine Gäste sind versorgt. Bleib' noch ein bisschen. Ich nehme mir die Zeit – nur für dich. Erzähle mal, wie es dir ergangen ist in all den Jahren."*

Gast: *„Tut mir Leid, aber ich möchte wirklich gehen. Ich bin nicht mehr offen. Lass uns ein anderes Mal treffen."* (Authentisches Senden)

Gastgeber: *„Nicht mehr offen ...! Mein Gott, was ist los mit dir? Du bist ganz schön empfindlich. Aber du hast immer schon deinen Kopf durchgesetzt, egal was die anderen wollten. Rücksicht ist ein Fremdwort für dich!"*

Gast: *„Rudi, was ist los? Warum reagierst du so heftig?"* (Authentisches Zuhören)

Gastgeber: *„Darf ich doch wohl, oder? Was soll der Mist mit deinen Gefühlen. Du kannst auch direkt sagen, dass dir meine Gäste nicht gefallen!"*

Gast: *„Bist du genervt, weil du denkst, ich hab was gegen die Leute hier?"* (Authentisches Zuhören)

Gastgeber: *„Weiß ich nicht. Auf jeden Fall finde ich es merkwürdig, wenn du nach einer Stunde schon gehst. Da komme ich doch ins Grübeln, ob du enttäuscht von mir oder meinen Gästen bist. Würdest du doch auch."*

Gast: *„Wahrscheinlich hast du dich drauf gefreut, dass ich mich hier wohl fühle mit deinen Freunden, halt wie es früher war, wenn wir uns getroffen haben. Es ist ja auch nicht normal, dass jemand schon nach einer Stunde die Party verlässt. Ich verstehe deine Zweifel. Aber es hat nichts mit dir oder deinen Gästen zu tun. Ich stehe mir selbst im Weg. Das ist der alleinige Grund."* (Authentisches Senden)

Gastgeber: *„Mensch komm, was soll der Scheiß. Ich habe mich halt sehr auf dich gefreut. Dann geh dir doch einfach aus dem Weg."* (Freude)

Gast: *„Ich hab mich auch auf dich gefreut. Das ist ja genau mein Problem. Ich hatte überzogene Erwartungen und habe mir dadurch selbst eine Falle gestellt.* (Authentisches Senden) *Kennst du das nicht von dir, dass du dir selbst ein Bein stellst?"* (Authentisches Zuhören)

Gastgeber: *„Doch schon, aber ausgerechnet heute Abend. Lass doch die überzogenen Erwartungen einfach fallen. Da kann man sich doch auch einen Ruck geben."*

Gast: *„Hab' ich versucht. Klappt heute Abend nicht. Ich kann nicht, ich brauch jetzt eine Portion Ruhe zu Hause. Leider."* (Authentisches Senden)

Gastgeber: *„Na komm: Schwamm drüber. Lass uns noch einen Kleinen zur Brust nehmen und uns für die nächsten Tage verabreden."*

Gast: *„Aber so ganz ist dein Groll immer noch nicht weg, oder?"* (Authentisches Zuhören)

Gastgeber: *„Doch schon, ist okay. Lass' uns mal nach 'nem Termin schauen."*

Der Status des Gastes war durchgehend partnerschaftlich. Zwischen Fragen und Senden bestand ein ausgeglichenes Verhältnis. Bei jeder Irritation hat der Gast einfühlsame Fragen gestellt, um den Hintergrund des Gastgebers zu erfahren, warum er ihn nicht ziehen lassen kann. Die Angriffe des Gastgebers hat der Gast entweder ignoriert, oder aber er hat durch Fragen versucht zu ergründen, welche Verletzungen sich hinter den Aggressionen verbergen.

Wenn Sie diese beiden Standbeine kooperativer Konfliktlösung konsequent benutzen, können Sie fast jeden Konflikt lösen, ohne dass es zu nennenswerten Konfrontationen kommen wird.

Sollten Sie versuchen, auf den beiden Beinen der kooperativen Konfliktbewältigung sicher zu stehen, dann werden Sie feststellen, dass Sie anfangs noch „wackelig auf den Beinen" sind. Das kann auch gar nicht anders sein, denn wir haben ein Leben lang unsere Beine dazu benutzt, andere zu treten oder ganz schnell vor Konflikten wegzulaufen. Zu unseren Bedürfnissen, Emotionen und Wünschen „zu stehen", haben wir in der Regel verlernt („Kinder, die was wollen, ..."). Und uns für den Standpunkt unseres Partners oder unserer Partnerin zu interessieren und diesen auch als gleichwertig zu akzeptieren, gelingt uns auch nicht „aus dem Stand". Lassen Sie sich nicht entmutigen. Aller Anfang ist schwer. Sie werden sehen, dass Sie in Konflikten mit zunehmender Übung immer standfester werden.

Doch das eigentliche Ziel kooperativer Konfliktbewältigung ist nicht das Einnehmen und Verteidigen von Standpunkten, sondern die Auflösung der Erstarrung beider Konfliktpartner hin zu gemeinsamen Bewegungen. Die Begegnung im Konflikt bietet die Chance neuer Erkenntnisse und die Möglichkeit gemeinsamer Bewegungen und Entwicklungen.

Wir möchten diesen zentralen Punkt kooperativer Konfliktbearbeitung exemplarisch am Beispiel des Radio-Konflikts besprechen. Zur Erinnerung greifen wir einige Passagen des bisherigen Konfliktverlaufs um das Radio im gemeinsamen Büro auf:

„(...) Und da mir sehr viel an unserer gemeinsamen Arbeit und an unserem guten Kontakt gelegen ist, möchte ich auch nicht als der große Spielverderber dastehen."
„Hm."
„Das kommt überraschend für dich?"
„Klar, und ich hab im Moment keine Lösung."
„Ich auch noch nicht. Aber glaubst du, dass wir uns einigen können?"
„Wird schon gehen. Aber ich weiß noch nicht wie."

Was würden Sie sagen, wenn die beiden Kollegen sich darauf einigen, dass das Radio künftig ganz aus dem Büro verbannt wird? Vermutlich würden Sie bemängeln, dass diese Lösung komplett auf Kosten des Kollegen ginge, der gerne Radio hört. Er wäre der einzig Leidtragende in diesem Konflikt; ein wie auch immer gearteter Kompromiss wäre gerechter!

Mag sein. Und dennoch kann auch eine „ungerechte" Lösung einvernehmlich und tragfähig sein. Nämlich dann, wenn der Radiohörende Kollege sein Bedürfnis nach Abwechslung, Ablenkung und Information geringer einschätzt als sein Bedürfnis nach einem guten Arbeitsklima und der stressfreien Fortführung des guten kollegialen Verhältnisses zu seinem Büropartner. Mit anderen Worten: Der Kollege stellt eines seiner Bedürfnisse, nämlich den Wunsch nach Arbeitserleichterung durch Radio-Konsum, in den Hintergrund, um durch die Verbannung des Radios aus dem gemeinsamen Büro seine Beziehungsbedürfnisse zu befriedigen.

Vielleicht kommt er aber auch zu seinem Entschluss, gänzlich auf das Radio zu verzichten, aufgrund einer gedanklichen Abwägung, nach der er das Konzentrationsbedürfnis seines Kollegen für legitimer erachtet als sein eigenes Bedürfnis nach Zerstreuung. Auch in diesem Falle wäre die erzielte Lösung – trotz scheinbarer Ungerechtigkeit und Einseitigkeit – eine einvernehmliche: Der Kollege verzichtet aus eigenem Entschluss auf sein Radio und nicht, weil sein Büropartner ihn dazu gedrängt hat. Er handelt nicht auf der Basis von Schuldgefühlen, sondern von Selbstverantwortung.

Wenn beide Konfliktparteien auf der Basis von Selbstverantwortung handeln, ist eine gefundene Lösung trotz scheinbarer Ungerechtigkeit tragfähig und einvernehmlich. Einvernehmliche Lösungen sind nur auf der Basis von beidseitiger Selbstverantwortung möglich.

Selbst wenn die Waage der Lösung inhaltlich stärker zu einer Seite neigt, haben beide Konfliktpartner das Gefühl einer 100 %igen Lösung, weil die Lösung auf einer tieferen Ebene der Begegnung zustande kam.

Schauen wir uns einmal mögliche Konfliktverläufe an, die zu keinen einvernehmlichen und damit tragfähigen Lösungen führen können:

„Peter, hast du einen Moment Zeit für mich? Ich habe ein Problem, das ich gerne mit dir besprechen möchte."
„Klar, worum geht es? Schieß los."
„Dein Radio stört. Die ständige Dudelei geht mir total auf die Nerven. Ich kann mich dabei unmöglich konzentrieren. Das Radio muss weg."
„Wie, das Radio muss weg. Wer bestimmt das denn? Ist das dein Büro?"
„Das nicht. Aber es gibt nur zwei Alternativen: Ich oder das Radio. Entweder das Radio geht oder ich."
„Was soll das denn jetzt? Willst du mich erpressen?"
„Wenn wir uns nicht einigen können, dann muss ich halt zum Chef gehen und ihm den Fall schildern."
„Nun mach mal langsam. Wir können uns auch alleine einigen."
(Bis zu diesem Punkt ist das Gespräch konfrontativ verlaufen. Die beiden Kollegen kämpfen auf der Wippe gegeneinander. Schauen wir uns mögliche Lösungen dieses Konfliktgesprächs näher an.)
„Eine Einigung kann für mich nur heißen, dass das Radio raus muss. Ich kann dabei nicht arbeiten. Punkt. Sonst gehe ich zum Chef. Du hast die Wahl!"
„Ist ja gut. Aber deswegen muss es doch nicht raus. Ich kann es doch anstellen, wenn du nicht da bist. Dann wird es dich ja wohl nicht stören."
„Aber so lange ich hier im Büro bin, bleibt das Ding aus."
„Okay, okay."

Die beiden Kollegen haben sich geeinigt. Sie kommen zu dem gleichen Ergebnis wie in dem Beispiel oben. Beide stimmen dem Vorschlag zu, dass das Radio stumm ist, so lange der sich gestört fühlende Kollege im Raum ist. Und doch ist diese Lösung nicht einvernehmlich, geschweige denn tragfähig. Sie ist entstanden aufgrund von Herabstufungen und Verletzungen und wurde dadurch erzielt, dass der eine der beiden Kollegen das schwere Geschütz des Chefs ins Gefecht geworfen und mit dieser Waffe seinen Büronachbarn besiegt hat. Die Einvernehmlichkeit dieser Lösung ist eine scheinbare, denn dem Kollegen blieb als Folge des Drucks keine andere Wahl, als diese Lösung zu akzeptieren. Die Lösung kommt einer Kapitulation nach einem verlorenen Kampf gleich. Dass eine derartige Lösung weder tragfähig noch einvernehmlich ist, versteht sich von selbst. Der Konflikt wurde nicht gelöst, sondern verlagert. Der unterlegene Kollege wird diese Lösung zwar respektieren, aber einen derartigen Groll hegen, dass er vermutlich auf Rache sinnt. Der Konflikt wird an anderer Stelle erneut und dann um so heftiger ausbrechen. Außerdem werden beide Kollegen unter der vergifteten Atmosphäre in dem Büro leiden.

Wie sieht es aus, wenn die beiden Kollegen nach einer hitzigen Debatte zu einem Kompromiss gelangen?

„(...) Ich kann mich dabei unmöglich konzentrieren. Das Radio muss weg."
„Wie, das Radio muss weg. Wer bestimmt das denn? Ist das dein Büro?"
„Das nicht. Aber wir haben hier ein Büro und keinen Freizeitraum. Und wenn mich das Radio stört, dann muss es ausgemacht werden."
„Aber der Chef weiß, dass ich hier Radio höre. Kannst ja zu ihm gehen und dich beschweren. Aber du weißt, dass ich einen ziemlich guten Draht zum Chef habe und ihm einiges über dich erzählen kann."
„Willst du mich erpressen?"
„Quatsch. Aber ich möchte mich mit dir vernünftig einigen. Mein Gott, lass uns doch wie zwei erwachsene Menschen darüber reden. Wir werden doch wohl einen Kompromiss finden."
„Und wie soll der aussehen?"
„Na, ganz einfach: Ich stelle das Radio auf diese Seite des Büros und mache es leiser. Und wenn du Telefonate führst, mach ich es aus."
„Okay, probieren wir es aus. Aber wenn ich diese komplizierten Listen ausfüllen muss, machst du es auch aus. Sonst kriege ich das nicht hin und muss sie doppelt und dreifach machen."
„Klar, ist abgemacht."

Ein Kompromiss ist gefunden. Dagegen kann man doch wohl wirklich nichts mehr einwenden. Doch! Der Kompromiss ist faul. Der belästigte Kollege lenkt ein, weil ihn dessen Büropartner mit seinen guten Beziehungen zum Chef und irgendwelchen „Altlasten" erpresst hat. Die Zustimmung des sich belästigt fühlenden Kollegen erfolgt nicht auf der Basis von Selbstverantwortung, sondern von Druck. Selbst ohne diese „Erpressung" wäre aber in diesem Fall der Kompromiss faul gewesen, weil beide „geschachert" haben: Geb ich dir was, gibst du mir was! Der emotionale Hintergrund, die Bedürfnisse und die Beziehungsebene wurden nicht in den Konflikt integriert.

Warum geht der siegreiche Kollege auf diesen Kompromiss ein? Er hätte doch seinem Büronachbarn den „finalen Todesstoß" versetzen können und künftig das Radio in unverminderter Lautstärke weiterhin ertönen lassen können. Warum also lenkt er ein?

Wir können nur vermuten: Vielleicht möchte er die Beziehung zu seinem Kollegen nicht durch vollständige einseitige Interessendurchsetzung und einen Sieg auf der ganzen Linie gefährden. Und hier spüren wir etwas vom Misstrauen in vielen Lösungen, denn gerade hinter der Befürchtung steckt das positive und auf Vertrauen basierende Beziehungsinteresse, das wir hinter Ängsten oft nur verstecken. Wenn wir befürchten müssen, unsere Bedürfnisse finden keinen Nährboden oder werden abgelehnt, greifen wir wieder zu alten Druck-Methoden und gleiten aus der Möglichkeit der Selbstverantwortung heraus.

Vielleicht geht seine Befürchtung aber auch so weit, zu denken, dass ein Beschwerdegang seines Büropartners zum Chef doch nicht völlig aussichtslos ist. Misstrauen führt uns immer weg von einer einvernehmlichen Lösung und erzeugt gerade das, was wir verhindern wollen (self-fullfilling-prophecy).

Fakt ist: In dem Konflikt ist auf beiden Seiten mit harten Bandagen gekämpft worden, ohne dass eine Partei vollständig besiegt wurde. Die beiden haben im Prinzip eine Art Waffenstillstand ausgehandelt. Der Kampf kann jederzeit auf diesem oder einem anderen Schlachtfeld erneut ausbrechen. Deswegen stellt auch dieser Kompromiss keine einvernehmliche und tragfähige Lösung dar. Der Kompromiss ist faul, weil der Weg dorthin mit wechselseitigen Verletzungen gepflastert ist.

Natürlich wollen wir nicht zum Ausdruck bringen, dass ein Kompromiss automatisch eine faule Lösung eines Konflikts sein muss. Das folgende Beispiel belegt, dass ein erzielter Kompromiss dann tragfähig und einvernehmlich sein kann, wenn er das Ergebnis einer kooperativen Konfliktbearbeitung ist:

„(...) Du fühlst dich überfahren von mir?“
„Das nicht. Aber ich sehe keine Lösung.“
„Ich auch noch nicht. Aber ich glaube, dass wir das Problem in den Griff kriegen?“
„Irgendwie schon. Aber ich weiß noch nicht wie. Mach’ mal einen Vorschlag.“
„Mir wäre es natürlich am liebsten, wenn du es ganz aus lässt.“
„Ganz? Das geht nicht. Ich bin so froh, dass ich endlich wieder ein bisschen mehr Spaß an dieser öden Arbeit habe.“
„Hm, das versteh’ ich natürlich. Aber wenn ich mich dabei nicht konzentrieren kann, ist es halt schwierig.“
„Vielleicht können wir folgende Lösung mal ausprobieren: Ich stelle das Radio weiter zu mir hier rüber und mache es leiser. Und wenn du Telefonate führst oder knifflige Arbeiten ausführen musst, mach ich es sofort aus. Was hältst du davon? Ein Ton oder Zeichen von dir, und du hörst nur noch das Summen der Computer.“
„Ausprobieren können wir es. Vielleicht können wir ja auch folgenden Vorschlag hinzunehmen: Bei Sendungen, die dir besonders wichtig sind, kann es ruhig ein bisschen lauter sein, dafür machst du es bei anderen Sendungen ganz aus. Und wenn es so auch nicht geht, müssen wir neu drüber reden. Ich möchte es halt eine Zeit lang so ausprobieren und dann noch einmal besprechen. Okay?“
„Okay.“

„Mir ist wichtig, dass du mit der Lösung gut leben kannst, denn mir liegt viel an unserer gemeinsamen Büroarbeit und unserem guten Verhältnis."
„Ist schon gut. Wir probieren es, und dann sehen wir weiter."

Dieser Kompromiss ist auf der Basis kooperativer Konfliktbearbeitung erzielt worden. Die Vorgehensweise war getragen von wechselseitiger Achtung und Akzeptanz der jeweiligen Bedürfnisse, Emotionen und Wünsche. Keiner der beiden Konfliktpartner hat den anderen Kollegen herabgestuft und verletzt. Kein Druck oder Zwang war im Spiel. Beide sind authentisch geblieben, und der Konflikt war bestimmt von dem Wunsch nach Begegnung. Der Kompromiss ist daher alles andere als faul – die beiden Mitarbeiter haben eine einvernehmliche und bis zu einem fixierten Termin tragfähige Lösung gefunden. Beide haben gehandelt und entschieden auf der Basis von Selbstverantwortung.

Jetzt können Sie vielleicht nachvollziehen, warum wir den Akzent dieses zweiten Hauptteils unseres Buches auf die kooperative Konfliktbearbeitung gelegt haben und weniger auf das Ergebnis – die konkrete Lösung:

Jede Lösung in einem Konflikt ist nur so gut wie der Weg dorthin. Der Weg ist das Ziel. Die Lösung eines Konflikts kann nicht einvernehmlich und tragfähig sein, wenn sie das Ergebnis eines Kampfes ist. Der Geist, in dem eine Lösung gefunden wird, ist ebenso wichtig wie die Lösung selbst.

Eine einvernehmliche Lösung nach einem kooperativ bearbeiteten Konflikt muss nicht der Kompromiss sein. Entscheidend ist vielmehr, dass beide Parteien die Gesamtheit ihrer sachlichen wie emotionalen Bedürfnisse in den Konflikt einbringen und diese wechselseitig respektieren und berücksichtigen.

Eine einvernehmliche Lösung eines Konflikts ist dann gegeben, wenn sie das Ergebnis kooperativer Bearbeitung ist und jede beteiligte Person auch von der Bedürfnisbefriedigung der jeweils anderen profitiert. Das bedeutet: Die Lösung eines Konflikts ist für eine Konfliktpartei nur dann gut, wenn sie auch für die andere Seite gut ist.

Wie aber können Sie sicher sein, dass die gefundene Lösung tatsächlich einvernehmlich und tragfähig ist? Ganz einfach: Fragen Sie nach! Die wichtigsten Fragen am Ende eines Konfliktgesprächs sollten daher immer lauten:

→ Bist du mit der Lösung einverstanden?
→ Ist sie in deinem Sinne?
→ Sind genügend deiner Interessen berücksichtigt?

Wenn diese Fragen von beiden Konfliktparteien positiv beantwortet werden können, dann – und nur dann! – ist der Konflikt wirklich gelöst.

Jeder einseitige Gewinn in einem Konflikt kommt einem Pyrrhus-Sieg gleich: Der Sieger besiegt sich selbst. Der Konflikt ist nicht gelöst, sondern vertagt. Nur der beidseitige Gewinn in einem Konflikt stellt eine einvernehmliche und tragfähige Lösung dar. Ohne beidseitige Selbstverantwortung gibt es kein „DU und ICH" in einem Konflikt.

21. Kritik der Kritik
Narrenlob der Selbstverantwortung

Kritikfähig zu sein gilt als hehres Ziel in unserer Gesellschaft. Unter Kritik-fähigkeit verstehen wir in der Regel die Fähigkeit, Kritik gut verarbeiten und für die eigene Entwicklung produktiv nutzen zu können. Diese Fähigkeit besitzen nur wenige Leute. Denn in aller Regel fällt es uns schwer, die in einer Kritik enthaltene Energie als nicht gegen uns gerichtet zu empfinden. Wir fühlen uns durch Kritik verletzt und verfallen dann allzu leicht dem Schema von Druck – Gegendruck und Angriff – Gegenangriff bzw. Angriff – Flucht.

Doch wir glauben, dass es zu einseitig gedacht ist, die Verantwortung für den produktiven Umgang mit Kritik nur denjenigen zuzuschieben, die kritisiert werden. Drehen wir den Spieß doch einfach mal um: Was wäre, wenn Kritikfähigkeit bedeutet, die Verantwortung dafür zu übernehmen, wie wir kritisieren: Kritikfähigkeit ist demnach die Fähigkeit, Kritik fähig äußern zu können.

Kritikfähigkeit ist nicht so sehr die Fähigkeit, mit Kritik an der eigenen Person produktiv umgehen zu können, sondern Kritikfähigkeit stellt vielmehr die Kunst dar, Kritik verletzungsfrei zu äußern.

Immer wenn wir unseren Seminar-Teilnehmern vorschlagen, ein Konflikt-Gespräch doch einmal ohne jede Form von Kritik zu führen, stoßen wir auf breiten Widerstand: *„Warum sollte ich bei offensichtlichem Fehlverhalten meines Konfliktpartners diesen nicht kritisieren dürfen? Der ändert sich doch sonst nie. Kritik muss sein. Ohne geht es nicht!"*

Wir können hier sehen, dass Kritik auf dem Glauben basiert, andere verändern sich nur dann, wenn man sie für ihre Fehler unter Druck setzt: *„Was weh tut, wird nicht vergessen."* Die kritisierten Personen sollen beängstigt werden, in der Hoffnung, dass sie künftig aus Angst vor unseren Strafen genau das tun, was wir von ihnen verlangen. Doch aus der Pädagogik wissen wir: Angst ist ein schlechter Motivator, der Lernprozesse eher blockiert statt fördert. Und Druck erzeugt immer noch Gegendruck.

Wie können wir also „Kritik" konstruktiv äußern, damit sie den Kommunikations-Partner auf der Grundlage von beidseitiger Selbstverantwortung anspricht? Wir möchten Ihnen in diesem Zusammenhang einen ganz besonders heftigen Fall schildern, den eine Teilnehmerin in das Seminar einbrachte:

Ihr 5-jähriger Sohn war bei einem Freund auf einem Kindergeburtstag eingeladen. Am Abend stellte sich heraus, dass sich die Kleinen dort Gewalt-Videos angeschaut hatten. Die Mutter war empört und rief unverzüglich die Mutter des Geburtstagskindes an, um sich zu beschweren. Das Gespräch verlief nach Auskunft der Seminar-Teilnehmerin äußerst konfrontativ, weil die kritisierte Mutter die Auswirkungen der Gewalt-Videos heruntergespielt hatte. Offensichtlich stießen in dem Konflikt unterschiedliche Werte, Meinungen und Haltungen der Mütter aufeinander, die unvereinbar waren. Der wunde Punkt der Mutter war getroffen: Die Angst um ihr Kind. Sie schilderte in dem Seminar, dass sich in ihrem Gespräch die angesprochene Mutter gegenüber den kritisierten Punkten vollkommen verschlossen hatte. Mit Zähnen und Klauen hätte sie ihren Standpunkt verteidigt, dass Gewalt-Videos keinerlei schädliche Auswirkungen auf Kinder haben könnten. Die Seminar-Teilnehmerin hatte deswegen die angesprochene Mutter als „fahrlässig" und „verantwortungslos" kritisiert. Das Gespräch war nach Angaben der Seminar-Teilnehmerin äußerst unbefriedigend verlaufen. Sie hat der kritisierten Mutter nicht einmal die Zusage abringen können, künftig keine Videos im Beisein ihres Sohnes zu zeigen: *„Einsicht hat sie nicht gezeigt. Aber hätte ich darauf verzichten sollen, die Mutter zu kritisieren, wenn die meinen Sohn Gewalt-Videos schauen lässt? Das kann doch wohl nicht Ihr Ernst sein!"*

Wir möchten Ihnen eine Möglichkeit vorstellen, wie die Seminar-Teilnehmerin in einem Konfliktgespräch auf Kritik hätte gänzlich verzichten, und sich dennoch klar und unmissverständlich verhalten können:

„Guten Tag, Frau Binger. Schmidt hier, die Mutter von Sven."
„Guten Tag, Frau Schmidt."
„Frau Binger, Sven hat mir erzählt, dass er heute Nachmittag Filme bei Ihnen gesehen hat. Nach seiner Schilderung handelt es sich um Gewalt-Videos mit Zerstückelungen von Körpern und so. Damit hab ich ein Problem und es beschäftigt mich sehr!"
„Ach ja, so extrem waren die ja gar nicht. Außerdem ist das doch normal heute. Ich meine, das kriegen die doch laufend mit."
„Das ist nichts Ungewöhnliches für Kinder, meinen Sie?"
„Ja genau. Normal eben."
„Können Sie mir sagen, was das für Filme waren?"
„Keine Ahnung, irgendwelche Dinger von meinem Mann. Ich habe nicht drauf geachtet. Aber nun machen Sie sich doch keine Sorgen. Ihr Junge hat das gerne geguckt. Und schaden tut das auch nicht."
„Frau Binger, ich bin geschockt und aufgewühlt, weil ich möchte, dass Sven sich nur altersangemessene Filme anschaut. Ich habe sehr wohl die Angst, dass diese Filme negative Auswirkungen auf ihn haben können. Deshalb will ich nicht, dass Sven sie sieht."

„Aber es gibt doch genug Untersuchungen, die belegen, dass sie nicht so wirken. Den Kindern macht das gar nichts."

„Sie haben also auch schon darüber nachgedacht?"

„Na ja, am Anfang ja. Mein Mann sagte nichts und mein Sohn ist so geblieben wie vorher, und da hab ich mir auch keine Sorgen mehr gemacht."

„Ich befürchte, mein Sohn stumpft ab und solange ich da Ängste habe, möchte ich nicht, dass Sven sich diese Gewalt-Videos anschaut."

„Meine Güte, ein oder zwei Filme machen doch aus Kindern keine Massenmörder."

„Sicher nicht, aber diese extremen Auswirkungen meine ich auch nicht. Mögliche Abstumpfungen können sich anders zeigen."

„Sie machen sich da zu viele Gedanken. Bei meinem Sohn kann ich jedenfalls noch nichts feststellen; und der guckt die öfters."

„Frau Binger, wir können uns gerne darüber einmal in Ruhe unterhalten. Wir haben da unterschiedliche Meinungen und Ängste. Aber trotzdem möchte ich, dass Sven Filme sieht, die seinem Alter entsprechen."

„Aber was hätte ich denn machen sollen. Alle anderen Kinder wollten den Film sehen; hätte ich Sven allein spielen lassen sollen?"

„Sie fragen sich, wie Sie dann in Zukunft reagieren sollen?"

„Na klar, Sie sind gut, ich kann den Jungen doch dann nicht rausziehen."

„Da hätten Sie alle Kids gegen sich."

„Darauf können Sie wetten; Sie wissen doch, wie beharrlich die dann sein können. Dann lass ich die Dinger lieber gar nicht mehr laufen, jedenfalls dann nicht."

„Andere Filme gerne, Frau Binger, aber diese bitte nicht. Auch wenn die anderen Kinder und auch Sven selbst es wünschen: Ich möchte gerne, dass Sie »Nein« sagen."

„Also gut. Auch wenn ich nicht Ihrer Meinung bin."

„Ich würde mich gerne mit Ihnen in Ruhe darüber unterhalten. Aber nicht am Telefon."

„Dann können wir ja mal was vereinbaren."

Kein Wort der Kritik, keine Herabstufung. Als sich abzeichnete, dass die beiden Mütter unterschiedliche und nicht zu vereinbarende Wertehaltungen in Bezug auf die Auswirkungen der Gewalt-Videos auf ihre Kinder haben, wechselte Frau Schmidt die Ebene und beharrte auf Ihrem Wunsch, dass Sven künftig keine derartigen Videos bei der Familie Binger mehr anschaut. Frau Schmidt verzichtete in dem weiteren Konfliktgespräch darauf, Frau Binger davon überzeugen zu wollen, dass sie falsch und schuldhaft handele. Außerdem verzichtete sie auf eine Wertediskussion über die Fragen von Gewalt und Medien.

Und genau deshalb hat Frau Schmidt viel erreicht: Sie hat zwar Frau Binger nicht „eines Besseren belehrt", doch jene hat eingesehen, dass der Mutter von Sven ihr Anliegen so wichtig ist, dass sie ihr verbindliche Zusagen bezüglich des Video-Konsums gemacht hat. Und sie bleibt zumindest offen für ein grundsätzliches Gespräch über die möglichen schädlichen Auswirkungen von Gewalt-Filmen. Mehr hätte Svens Mutter nicht erreichen können. Mit jeder geäußerten Kritik hätte sie weniger erreicht.

Was also hat Frau Schmidt an die Stelle von Kritik gesetzt? Sie hat ihre persönlichen Beweggründe genannt, ihre Emotionen geäußert und ihre Bedürfnisse und Wünsche formuliert. Nicht mehr – aber auch nicht weniger. Sie ist während des gesamten Konflikts authentisch geblieben und hat die völlige Selbst-Verantwortung übernommen. Die Einstellung der besorgten Mutter war nicht *„Die darf das nicht machen!"*, sondern: *„Ich habe Angst um meinen Sohn und brauche eine klare Absprache."* Diese innere Haltung hat zu einer abwertungsfreien und selbstverantwortlichen Konfliktvorgehensweise geführt. Svens Mutter hat nicht angegriffen – Frau Binger musste sich nicht mit einem Gegenangriff verteidigen.

Die Ausstrahlung von Selbstverantwortung ist so stark und weitreichend, dass sie sich in der Regel auf unsere Konfliktpartner überträgt. Wer von anderen keine Verantwortung übergestülpt bekommt, dem bleibt nur der Rückgriff auf die eigene Verantwortung. Eigenverantwortlichkeit ist ansteckend. Durch Kritik dagegen wird das Gegenüber ins Unrecht gesetzt und herabgestuft. Die Wippe ist aktiviert, der Kampf beginnt. Und wenn die kritisierte Person ihr Verhalten verändert und sich gemäß fremden Wünschen verhält, dann aufgrund von Druck – und selten aufgrund von Einsicht und Verantwortung. Stattdessen hat Frau Binger eingesehen, dass der Mutter von Sven ihr Anliegen wichtig ist. Und sie hat eingesehen, dass es auch für ihren eigenen Sohn und dessen Freundschaft zu Sven besser ist, wenn sie Frau Schmidt eine verbindliche Zusage macht. Frau Binger hat diese Zusage selbstverantwortlich und nicht unter Druck gegeben. Die Lösung des Konflikts erfolgte einvernehmlich – trotz weiterer kontroverser Anschauungen der beiden Mütter über die Frage von Gewalt in den Medien und deren Auswirkung auf Kinder.

Wir wiederholen und ergänzen abschließend noch einmal unsere Eingangsthese über die Kritikfähigkeit: Kritikfähigkeit ist nicht so sehr die Fähigkeit, mit Kritik an der eigenen Person produktiv umgehen zu können, sondern Kritikfähigkeit stellt vielmehr eine Kunst dar, Kritik produktiv zu äußern. Kritikfähigkeit in diesem Sinne verzichtet vollständig auf die Herabstufung und Verletzung des Konfliktpartners. Sie basiert auf Selbstverantwortung und belässt dadurch auch den Konfliktpartner in der Selbstverantwortung. Verwandeln Sie Kritik in Bedürfnisse und positive Wünsche *(„Ich möchte, dass Sie »Nein« sagen, wenn ...").*

22. „Steigen Sie von der Wippe!"
Der authentische Status

Wenn wir in unseren Seminaren und Konflikt-Trainings die Status-Wippe vorstellen und in verschiedenen Übungen und Rollenspielen erfahrbar machen, dann ist die wohl am häufigsten gestellte Frage der Teilnehmerinnen und Teilnehmer: *„Kann man denn von der Wippe abspringen, oder sind wir darin gefangen, um unseren eigenen kommunikativen Status oder gegen den unserer Kommunikationspartner zu kämpfen?"*

Um die Antwort vorweg zu nehmen: So, wie es zum Prinzip des **„Du oder Ich"** im Konflikt die Alternative des **„Du und Ich"** gibt, so ist es auch möglich, eine Kommunikation zu gestalten, die nicht nach dem Prinzip der Wippe funktioniert. Die Voraussetzungen dafür haben wir Ihnen in diesem zweiten Hauptteil des Buches bereits vorgestellt. Wir müssen sie nur zusammenfassen.

Greifen wir ein Beispiel auf, das Sie bereits kennen: Ihre Freundin erscheint mit 20-minütiger Verspätung am verabredeten Treffpunkt. Doch statt sie nach allen Regeln des Kampfes „fertig zu machen", bleiben Sie in der Selbstverantwortung und kommunizieren ihr Ihre authentischen Gefühle, Bedürfnisse und Wünsche:

„Mensch, Inge, ich warte seit 20 Minuten auf dich. Ich habe mich sehr auf unser Treffen gefreut. Aber ich ärgere mich, weil ich denke: Jetzt hab ich mich total beeilt, hab zu Hause alles stehen und liegen lassen und stehe jetzt seit 20 Minuten hier in der Kälte. Du weißt doch: Ich brauche Pünktlichkeit, sonst werde ich grantig. Was war denn los?"

→ Durch das konsequente Senden authentischer Gefühle, Bedürfnisse oder der Gedanken, die uns ärgerlich machen, sowie der Wünsche bleiben Sie ganz bei sich. Sie machen sich nicht zum Opfer. Sie übernehmen Selbstverantwortung und befinden sich dadurch in einem authentischen Status. Das Senden Ihrer eigenen Emotionen, Bedürfnisse, Interessen und Gedanken dient nicht dem Zweck, dass Sie sich in eine vorteilhafte Lage bringen wollen, aus der heraus Sie Ihrer Freundin eine Niederlage beibringen möchten. Sie wollen Ihren eigenen Status weder anheben, noch absenken.

Sie möchten Ihrer Freundin Ihre Situation mitteilen, damit diese Ihnen ihre eigene Lage erklärt. Sie bleiben ganz bei sich.

→ Gleichzeitig vermeiden Sie jedes Wort der Herabstufung, des Vorwurfs oder der Verletzung! Sie haben mit keiner Silbe versucht, den Status Ihrer Freundin zu senken. Im Gegenteil: Durch die kurze Nachfrage am Schluss Ihrer Botschaft teilen Sie Ihrer Freundin mit, dass Sie ihr durchaus triftige Gründe für ihre Verspätung unterstellen. Die Nachfrage drückt Wertschätzung statt Entwertung aus.

Mit anderen Worten: Authentischer Status heißt, dass Sie weder um einen überlegenen Status ringen, aus dem heraus Sie den Konflikt siegreich meistern können, noch eine Opferrolle einnehmen, um Ihrer Freundin ein schlechtes Gewissen zu bereiten. In einem authentischen Status zu sein bedeutet, nicht **gegen** die andere Person zu kämpfen. Die Wippe ist Kampf.

Aber es gibt in einem Konflikt die Probe aufs Exempel, ob Sie sich tatsächlich im authentischen Status befinden: Was ist, wenn Ihr Konfliktpartner sich nicht auf die Kooperation im Konflikt einlässt und seinerseits Versuche unternimmt, Ihren Status zu verändern? Was ist, wenn Ihr Konfliktpartner den Fehde-Handschuh in den Ring wirft und Sie auf die Wippe ziehen will?

„Mensch, Inge, ich warte seit 20 Minuten auf dich. (...) Du weißt doch: Ich brauche Pünktlichkeit, sonst werde ich grantig. Was war denn los?"
„Rita, nun halt mal die Luft an, ja. Was war denn los? Das weißt du doch. Ich habe schließlich zwei Kinder zu Hause, die versorgt werden müssen. Ich kann nicht alles stehen und liegen lassen, nur weil ich mit dir verabredet bin. Du hast ja nur deine Bücher. Aber die schreien nicht oder haben gar Hunger. Im Gegensatz zu dir muss ich auch noch an andere denken."
„Inge, ich weiß, dass es in deiner Situation schwerer ist, genau zu planen. Für diese Fälle habe ich ja mein Handy. Wenn du absehen kannst, dass es ein paar Minuten länger dauert, dann rufe mich eben an. Ich kann dann meine Zeit besser einteilen. Bei mir ist es nämlich zeitlich auch ziemlich eng. Ich muss in ein paar Tagen meine Arbeit abgeben und bin noch nicht fertig."
„Das kam halt so plötzlich. Die Kinder haben sich geprügelt und Klaus hatte Verspätung. Da konnte ich nicht auch noch anrufen. Tut mir Leid."
„Ok. Den Stress kann ich mir gut vorstellen. Machen wir es doch einfach so: Nimm dir, bevor du dann gehst, doch noch eben die Zeit und ruf mich an. Ich weiß dann, woran ich bin und kann mich darauf einstellen. Das macht es mir leichter, auf dich zu warten, ja?"
„Klar. Als Klaus dann endlich da war, bin ich sofort losgestürzt, um nicht noch weitere Zeit zu verlieren. Und an dein Handy habe ich in der Hektik überhaupt nicht gedacht. Sorry, Rita."

Rita hat Inges Angriff ignoriert oder hinter der Fassade von Aggressionen nach den Verletzungen und Bedürfnissen ihrer Freundin gesucht. Sie hat ihren authentischen Status gewahrt, indem sie Verständnis geäußert und ihre weiteren Bedürfnisse und Wünsche gesendet hat. Rita hat sich weder zu status-senkenden Gegenangriffen verleiten lassen, noch ist es Inge gelungen, den Status ihrer wartenden Freundin abzusenken. Rita ist kraftvoll und selbstverantwortlich geblieben, ohne Macht an Inge abzugeben.

Zusammenfassend lässt sich feststellen: Sie befinden sich in einem authentischen Status, wenn Sie einerseits darauf verzichten, den Status Ihres Konfliktpartners heben oder senken zu wollen, und wenn sich andererseits durch die Status-Handlungen Ihres Konfliktpartners Ihr eigener Status weder hebt noch senkt. Sie sind nicht auf der Status-Wippe! Sie haben sich von den Prinzipien des Hebens und Senkens, des Drückens und Ziehens verabschiedet. Theoretisch ganz einfach – praktisch eine Lebensaufgabe.

Ein authentischer Status lässt sich nicht bewerkstelligen, sondern ist äußerer Ausdruck einer inneren Haltung der Selbstverantwortung und Selbstgewissheit. Ein authentischer Status sucht nach Annäherung durch Begegnung – nach gemeinsamer Bewegung und Entwicklung statt richtungsweisendem Druck.

III

Konfliktleitfaden

Das „Du und Ich" in der Praxis

23. „Kurz und gut"
Einführung

Mit Hilfe eines kleinen Konfliktleitfadens, den wir in diesem dritten Hauptteil des Buches vorstellen werden, möchten wir Ihnen eine ganz praktische Möglichkeit an die Hand geben, wie Sie sich in vielen der alltäglichen Streitigkeiten, Auseinandersetzungen und Konflikte verhalten können. Wir haben uns darauf beschränkt, einige zentrale Elemente aus den bisherigen Kapiteln über kooperatives Konfliktverhalten herauszugreifen und so zu verdichten, dass Sie in die Lage versetzt werden, Konflikte schnell und einfach zu bewältigen.

Entwickelt haben wir diesen kleinen Konfliktleitfaden aus Anlass der zahlreichen Diskussionen, die wir in unseren Seminaren mit Teilnehmerinnen und Teilnehmern führen, die berechtigterweise einwenden, *dass man nicht aus jeder Mücke einen Elefanten machen sollte*. Die betreffenden Personen, seien das nun Lehrer, Manager, Erzieher oder Eltern, verteidigen mit diesem Einwand das „Machtwort", auf das sie in vielen Konflikten zurückgreifen, um Hierarchien zu klären und Streit nicht ausufern zu lassen.

Die Einwände der Teilnehmerinnen und Teilnehmer sind nachvollziehbar. Alle Väter und Mütter, alle Pädagogen, Sozialarbeiter und Führungspersonen, aber auch alle Seminarleiter wissen, dass es zahlreiche Konflikte gibt, in denen lange Wortwechsel und Diskussionen, so kooperativ sie auch geführt sein mögen, den Situationen nicht angemessen sind. Gefragt sind in diesen „kleinen" Konflikten kooperative Vorgehensweisen, die ein klares, eindeutiges und zugleich wertschätzendes Auftreten ermöglichen, um eine möglichst schnelle Klärung der Auseinandersetzung herbeiführen zu können.

Wir bezweifeln, dass das Machtwort ein angemessenes Verhalten darstellt, auf diese Konflikte zu reagieren. Denn das Machtwort enthält in aller Regel ein hohes Maß an Verletzungspotenzial: Vielleicht mag es vereinzelt Konflikte geben, in denen das Ergreifen des Machtworts sinnvoll ist. Doch nach unserer Erfahrung geschieht der Rückgriff auf diese Maßnahme in aller Regel weniger aus Kalkül denn aus Hilflosigkeit und in Ermangelung von Alternativen.

Daher fragen wir: Welche Möglichkeiten gibt es in Konflikten, die eine schnelle Bearbeitung verlangen, weitgehend verletzungs- und abwertungfrei vorzugehen? Wir hoffen, dass Ihnen der folgende kleine Konfliktleitfaden an diesen heiklen Punkten weiterhelfen kann.

24. „Dein Krach ist zu laut!"

1. Schritt:
Störungen abwertungsfrei benennen

Schauen Sie sich die folgenden Einstiege in drei verschiedene Konfliktsituationen genauer an:

1. Lehrerin: *„Thorsten, du hast schon wieder deine dämliche Kappe auf dem Kopf!"*

2. Vater: *„Carla, würdest du mal deine müden Knochen in Richtung Stereo-Anlage bemühen und diesen Krach, den du Musik nennst, ausmachen?"*

3. Chef: *„Frau Schmidt, der Aktenberg, der sich auf Ihrem Schreibtisch türmt, macht der Zugspitze Konkurrenz. Haben Sie wohl die Güte, den Gipfel zu besteigen und mir die Akte Maier herauszusuchen."*

Wie schnell gehen vielen gestressten Lehrern, Eltern oder auch Vorgesetzten im privaten oder beruflichen Alltag Abwertungen wie diese über die Lippen? *„Dein Verhalten ist falsch!"*, so schimmert die Einstellung der drei Personen durch die jeweilige Botschaft hindurch. Die Ansprechpartner werden verurteilt, abgewertet und verletzt: Die Kappe von Thorsten ist *dämlich*, die Knochen von Carla sind *müde*, ihre Musik ist *Krach* und Frau Schmidts Aktenberg *türmt sich* bis in lichte Höhen.

Hinter den Herabsetzungen verbergen sich unbefriedigte Bedürfnisse der kritisierenden Personen nach Respekt, Ruhe oder Zuverlässigkeit. Die Befriedigung dieser Bedürfnisse wird durch das konkrete Verhalten von Thorsten, Carla oder Frau Schmidt erschwert oder verhindert.

→ Die Lehrerin fühlt sich durch die Kappe auf Thorstens Kopf missachtet. Sie kann sich nicht auf den Unterricht konzentrieren, möchte aber stressfrei unterrichten.
→ Der Vater ist erschöpft und kann sich wegen Carlas lauter Musik nicht entspannen. Er sucht Ruhe.
→ Der Chef steht unter Druck und will die Akte Maier dringend bearbeiten. Der Kunde wartet darauf. Der Chef möchte seinen Druck loswerden.

Die drei Führungspersonen können die Verletzungen vermeiden, indem sie zunächst möglichst sachlich oder gar wohlwollend den sie störenden Sachverhalt benennen:

1. *„Thorsten, du hast vergessen, deine Kappe abzunehmen."*
2. *„Carla, ich höre deine Musik in meinem Schlafzimmer."*
3. *„Frau Schmidt, ich habe Sie um die Akte Maier gebeten. Sie ist noch auf Ihrem Schreibtisch."*

Je sachlicher oder sogar wohlwollender die Sachverhalte benannt werden, desto geringer das Verletzungsrisiko. Das geht nur dann, wenn wir unsere Beobachtungen von den Urteilen trennen.

Aggressivität und Herabsetzung kommen meist zustande, weil wir innerlich die Beobachtung mit einem Urteil verbinden:

→ Wir bezeichnen Musik als Krach.
→ Wir reden von Aktenbergen.
→ Die Kappe ist dämlich.

Jede dieser Bewertungen setzt uns innerlich unter Dampf. Und wir erliegen der Versuchung, gerade mit diesen Bewertungen zu beginnen und nicht mit den bewertungsfreien Beobachtungen oder Gefühlen. Der sicherste Weg auf die Wippe ist aber, mit der Bewertung zu beginnen, denn das hören die meisten Menschen als Kritik und Herabsetzung.

Jede Aggressivität, aber auch jeder Zynismus in der Wortwahl oder im nonverbalen Ausdruck erhöhen die Wahrscheinlichkeit, dass der Konflikt durch die Herabstufung des Ansprechpartners einen konfrontativen Verlauf nimmt. Ob die Benennung des Sachverhalts tatsächlich frei ist von Vorwürfen, Bewertungen oder Verletzungen können Sie daran erkennen, dass bei einer abwertungsfreien Benennung Ihr Konfliktpartner innerlich zustimmen müsste:

1. *„Thorsten, die Stunde hat begonnen und du hast deine Kappe noch auf."* Thorsten müsste korrekterweise zugeben: *„Stimmt, ich habe die Kappe noch auf dem Kopf."*

2. *„Carla, ich höre deine Musik in meinem Schlafzimmer."* Carla müsste eingestehen: *„Ja, meine Musik ist auch im Schlafzimmer der Eltern zu hören."*

3. *„Frau Schmidt, die Akte Maier ist noch auf Ihrem Schreibtisch."* Frau Schmidt müsste antworten: *„Richtig, die Akte ist noch bei mir im Büro."*

Die abwertungs- und damit verletzungsfreie Benennung des Sie störenden Sachverhalts ist der erste Schritt einer kooperativen Konfliktbewältigung; ihre de-eskalierende Wirkung ist enorm. Bitte beachten Sie in diesem Zusammenhang:

Vermeiden Sie jede Verletzung und Herabstufung. Vermeiden Sie jegliche Aggression – verbal wie nonverbal. Vermeiden Sie jeden zynischen Unterton. Selbst bei „offensichtlichen" Provokationen: Schildern Sie den Sachverhalt möglichst objektiv oder seien Sie sogar wohlwollend in Ihrer Benennung.

Sie werden feststellen, dass wir bereits diesen ersten Schritt, **die abwertungsfreie Benennung von störendem Verhalten**, trainieren müssen. So banal und einfach diese Vorgehensweise zunächst auch scheinen mag – sie fällt uns in der Regel sehr schwer und geht in der Hektik des Alltags oft unter. Voraussetzung für eine abwertungsfreie Benennung ist die innere Haltung des Respekts oder gar des Verständnisses dem Konfliktpartner gegenüber:

1. Dass Thorsten seine Kappe auch während des Unterrichts auf dem Kopf behalten möchte, ist aus seiner Sicht verständlich.

2. Rock- und Popmusik klingt laut einfach besser. Wir selbst haben die Rolling Stones oder Deep Purple früher auch lieber mit dröhnendem Bass gehört.

3. Frau Schmidt hat zurzeit viele Arbeitsvorgänge gleichzeitig zu erledigen. Es ist verständlich, dass ihr dabei auch mal Fehler passieren.

Die abwertungsfreie Benennung von störendem Verhalten allein führt oft zu einer gewünschten Verhaltensänderung, ohne dass Sie konkrete Bitten nachschieben müssten.

25. Wenn der Hals schwillt ...
Zwischenschritt: Ärgermitteilung

Die nicht-verletzende Ärgermitteilung erfordert ein hohes Maß an Bewusstheit und Training. Denn allzu sehr haben wir verinnerlicht, unsere Mitmenschen für unsere negativen Gefühle verantwortlich zu machen. Schuldzuweisungen gehen uns leicht über die Lippen – Eingeständnisse eigener Verantwortung für unsere Emotionen nicht!

Wenn Sie Ihren Ärger, Ihre Frustration, Ihren Unmut, Ihre Enttäuschung oder Ihre Wut Ihrem Konfliktpartner mitteilen möchten, verfahren Sie nach dem Prinzip des **„Ich weil Ich"**. Übernehmen Sie die volle Verantwortung für Ihre Gefühle, Gedanken und Handlungen. Dadurch vermeiden Sie Eskalationen durch Schuldzuweisungen und Verletzungen:

1. *„Thorsten. Die Stunde hat begonnen und du hast die Kappe noch auf. **Ich** ärgere mich, **weil ich** sofort beginnen möchte und durch die Kappe abgelenkt bin. "*

2. *„Carla, deine Musik ist auch in meinem Schlafzimmer zu hören. **Ich** ärgere mich, **weil ich** totmüde bin, mich hingelegt habe und bei der Musik nicht einschlafen kann. "*

3. *„Frau Schmidt, die Akte Maier ist noch in Ihrem Büro. Ich habe Sie gestern gebeten, sie mir auf den Schreibtisch zu legen. **Ich** bin ärgerlich, **weil ich** bereits heute Morgen mit der Bearbeitung anfangen wollte und jetzt in Zeitdruck komme. "*

Da aber die Ärgermitteilung die größte Gefahr möglicher Herabstufungen und Verletzungen des Konfliktpartners birgt, empfehlen wir, auf die Ärgermitteilung dann zu verzichten, wenn es sich um „kleine" Konflikte handelt, die schnell bearbeitet werden sollen, und Ihr Ärger zudem nicht zu groß ist.

26. „Ich will!"
2. Schritt: Bedürfnis-Äußerung

Welches unbefriedigte Bedürfnis verbirgt sich hinter dem Wunsch von Thorstens Lehrerin, dass er die Kappe absetzen soll? Welches Bedürfnis hat der Vater, wenn er Carla bittet, die Musik leiser zu machen? Und welches Bedürfnis äußert sich hinter dem Interesse des Chefs, dass Frau Schmidt ihm die Akte Maier schnell bringen soll? Wir können nur Vermutungen anstellen:

1. Die Lehrerin wünscht sich mehr Respekt von ihren Schülern. Sie möchte, dass vereinbarte Regeln ohne neuen Konflikt eingehalten werden. Sie möchte ihren Unterricht stressfrei durchführen können.

2. Carlas Vater möchte sich von seiner Arbeit durch einen kurzen Schlaf entspannen. Er möchte ein wenig Energie für die Freizeit auftanken und Abstand von seinem beruflichen Alltag gewinnen.

3. Der Chef von Frau Schmidt möchte seine Arbeit kontinuierlich und nach seinem eigenen Rhythmus erledigen. Er wünscht sich eine zuverlässige und verantwortungsbewusste Mitarbeiterin. Die Akte Maier drängt ihn. Er möchte sie „vom Tisch haben".

Daher unsere Empfehlung für den zweiten Schritt der Konfliktbewältigung: Äußern Sie Ihr Bedürfnis. Sagen Sie nicht, was Sie **nicht** möchten. Benennen Sie Ihr Bedürfnis positiv. Dadurch entwickeln Sie mehr Kraft und Ausstrahlung. Und: Ein Bedürfnis ist etwas anderes als ein Wunsch:

→ Das **Bedürfnis** der Lehrerin ist es, von den Schülern respektiert und geachtet zu werden. Außerdem hat sie das Bedürfnis nach einem möglichst reibungslosen und stressfreien Unterricht. Ihr **Wunsch** ist es, dass Thorsten die Kappe absetzt. Mit der Erfüllung des Wunsches erhofft sie sich eine Teil-Befriedigung ihres Bedürfnisses.

→ Carlas Vater hat das **Bedürfnis** nach Ruhe und kurzer Entspannung. Sein **Wunsch** ist es, dass Carla die Musik leiser macht, damit er sein Bedürfnis befriedigen kann.

→ Der Chef hat das **Bedürfnis** nach effizienter Arbeit, zu der ihm seine Sekretärin zuverlässig zuarbeiten soll. Er braucht eine Mitarbeiterin, der er vertrauen kann und die ihm seine Arbeit spürbar erleichtert. Und konkret hat er das Bedürfnis, die Akte Maier schnell abzuschließen. Die Erfüllung des **Wunsches**, dass Frau Schmidt ihm die Akte Maier auf seinen Schreibtisch legt, bildet die Voraussetzung dafür, dass sich der Chef sein Bedürfnis erfüllen kann, die Akte schnell zu bearbeiten.

Einen Wunsch tragen wir an eine andere Person heran, damit diese ihr Verhalten dahingehend ändert, dass ich mir mein Bedürfnis erfüllen kann.

Nennen Sie in Konflikten immer auch Ihre Bedürfnisse. Dadurch entwickeln Sie mehr Ausstrahlungskraft. Außerdem erfahren die Partner, dass Ihre Bitte mit Ihrem Bedürfnis in Verbindung steht: *„Carla, mach bitte die Musik leiser"* wird eher als ein Fehlverhalten interpretiert als: *„Carla, ich brauche etwas Ruhe und bitte dich, die Musik leiser zu machen."*

Machen Sie sich deutlich, dass Ihre Bedürfnisse legitim sind. Denn mit jeder Art von Selbstzweifeln und Selbstverurteilungen nehmen Sie sich selbst die Kraft, in einem Konflikt selbstsicher auftreten zu können. Je sicherer Sie sich der Legitimität Ihrer Bedürfnisse sind, desto gewinnender ist Ihr Auftreten:

1. *„Thorsten, die Stunde hat begonnen und du hast deine Kappe noch auf dem Kopf. Ich möchte mit dem Unterricht beginnen und deine Kappe stört mich."*

2. *„Carla, deine Musik höre ich bis zu mir ins Schlafzimmer. Ich möchte einen Moment von der Arbeit entspannen und kurz wegnicken."*

3. *„Frau Schmidt, die Akte Maier ist noch auf Ihrem Schreibtisch. Die Sache drängt und ich möchte sie schnell abschließen."*

Ist Ihnen aufgefallen, dass alle drei Personen den Konflikt nicht etwa sachlich, sondern persönlich abhandeln? Mit der Bedürfnisäußerung nennen sie ihre ganz emotionalen Gründe dafür, warum sie sich von der jeweiligen Person eine Verhaltensänderung wünschen.

Ihre Bedürfnisse sind legitim. Ihre Konfliktpartner können sie nicht in Abrede stellen. Sie können auf der Legitimität Ihrer Bedürfnisse beharren.

1. *„Thorsten, die Stunde hat begonnen und du hast deine Kappe noch auf dem Kopf. Ich möchte mit dem Unterricht beginnen und deine Kappe stört mich."*
„Was, ich mache doch gar nichts. Die Kappe stört doch nicht."
„Doch, sie stört mich. Bitte nimm sie ab, ich möchte beginnen."

„Nur wegen der Kappe?"
„Sie stört mich, bitte nimm sie ab."

2. *„Carla, deine Musik höre ich bis zu mir ins Schlafzimmer. Ich möchte einen Moment von der Arbeit entspannen und kurz wegnicken."*
„Aber das kannst du doch. Die Musik ist doch nicht so laut. Die hörst du doch fast gar nicht."
„Ich höre sie und kann nicht schlafen. Ich möchte einen Moment Ruhe."

3. *„Frau Schmidt, die Akte Maier ist noch auf Ihrem Schreibtisch. Die Sache drängt und ich möchte sie schnell abschließen."*
„Aber Herr Maier hat uns doch noch eine Frist von drei Tagen gewährt."
„Frau Schmidt, mich drängt die Sache. Ich möchte sie jetzt bearbeiten."

Äußern Sie Ihr Bedürfnis. Sagen Sie nicht, was Sie nicht möchten. Benennen Sie Ihr Bedürfnis positiv – dann entwickeln Sie mehr Kraft und Ausstrahlung. Vermeiden Sie jede Abwertung.

27. „Ich möchte ..."
3. Schritt: Wunsch-Äußerung

Nachdem Sie Ihren Konfliktpartnern Ihr Bedürfnis kommuniziert haben, nennen Sie Ihren Wunsch, welche Verhaltensänderung Sie sich konkret erhoffen, damit Ihr Bedürfnis befriedigt wird:

1. *„Thorsten, die Stunde hat begonnen und du hast deine Kappe noch auf dem Kopf. Ich möchte mit dem Unterricht beginnen und deine Kappe stört mich. Bitte setz' sie ab."*

2. *„Carla, deine Musik höre ich bis zu mir ins Schlafzimmer. Ich möchte einen Moment von der Arbeit entspannen und kurz wegnicken. Bitte mach' deine Musik leiser."*

3. *„Frau Schmidt, die Akte Maier ist noch auf Ihrem Schreibtisch. Die Sache drängt und ich möchte sie schnell abschließen. Bitte bringen Sie sie mir sofort vorbei."*

Natürlich stellt sich die Frage, ob die Äußerung eines Wunsches nicht zu schwach ist. Warum unterstreichen die drei „Vorgesetzten" nicht einfach ihre jeweilige Führungsposition und äußern eine Forderung statt eines Wunsches?

Der Unterschied zwischen einer Forderung bzw. einem Befehl einerseits und einer Wunsch-Äußerung andererseits ist schnell erläutert:

→ Forderung und Befehl polarisieren einen Konflikt. Die Einstellung der fordernden Person ist: *„Ich habe Recht, denn ich bin im Besitz der Macht; und du handelst falsch. Verhalte dich so, wie ich es von dir möchte."* Die Wahrscheinlichkeit einer Konfrontation wächst. Die andere am Konflikt beteiligte Person wird durch einen Befehl von oben herab angewiesen, ihr Verhalten sofort zu ändern. Ein Befehl birgt ein hohes Verletzungspotenzial in sich. Er ist in der Regel erniedrigend. Forderung und Befehl produzieren durch ihr herabstufendes Potenzial Unmut und Widerstand. Die aufgeforderte Person wird dazu veranlasst, um die Wahrung ihres Gesichts kämpfen zu müssen. Ein Befehl appelliert nicht an die Selbstverantwortung des Konfliktpartners, sondern baut darauf, dass der Kontrahent aus Angst vor Konsequenzen dem Druck nachgibt und sich unterordnet.

Ein Befehl ist monologisch und produziert Konfrontation. Wer einen Befehl äußert, zieht sich auf die Machtposition zurück und verweigert eine kooperative Konfliktbewältigung. Die Konsequenz: Der Kontrahent handelt aus Angst.

➜ Die Wunschäußerung dagegen setzt auf Wertschätzung der anderen am Konflikt beteiligten Person gegenüber. Die heimliche Botschaft lautet: *„Ich respektiere Ihr Verhalten. Doch leider steht es der Erfüllung meines Bedürfnisses entgegen. Ich bitte Sie, Ihr Verhalten so zu ändern, dass ich nicht darunter leide."* Im Gegensatz zum Befehl befindet sich die wünschende Person in einem partnerschaftlichen Status. Sie verzichtet auf das Machtwort und begibt sich auf die Ebene des Dialogs und der kooperativen Konfliktbewältigung.

Eine Wunschäußerung ist dialogisch und appelliert an die Selbstverantwortung der angesprochenen Person.

Das Erstaunliche in diesem Zusammenhang ist, dass bei einer Bitte die Chance drastisch höher ist als bei einer Forderung, dass eine angesprochene Person tatsächlich ihr Verhalten so ändert, dass dem Wunsch entsprochen wird. Und diese Verhaltensänderung geschieht auf der Basis von Selbstverantwortung, und nicht von Druck.

Stellen Sie sich in Konflikten einmal selbst ganz einfache Fragen:
➜ Wie müsste ich angesprochen werden, damit ich die Kappe absetze, die Musik leiser drehe oder die Akte ins Büro des Chefs bringe?
➜ Wie müsste ich angesprochen werden, dass mir in dem Konflikt eine Wahl bleibt und ich mich selbstverantwortlich entscheiden kann?
➜ Steckt Wertschätzung hinter dem geäußerten Wunsch oder Abwertung?

Wenn Sie sich diese Fragen beantworten, werden Sie den Unterschied zwischen Befehl und Wunsch spüren und im Konfliktfall die richtige Wahl treffen. Wenn Sie einmal bemerken, dass die Situation verfahren ist oder Ihnen ein Befehl oder eine Forderung herausrutschte, können Sie einfach den Partner fragen:

„Im Moment denke ich, dass wir uns nur die Köpfe heiß reden. Wie müsste ich Sie denn ansprechen, damit Sie nicht den Eindruck haben, ich will Sie drängen?"

Hier spüren wir, dass die Frage des Chefs dazu führt, dass der Partner selbstverantwortlich denkt und fühlt. Eine einvernehmliche Lösungsfindung ist möglich.

Wird die Bitte in einem authentischen Status geäußert, so vermittelt die betreffende Person Souveränität und Wertschätzung zugleich. Sie verzichtet auf Herabstufung und Verletzung, und setzt stattdessen auf die Kraft ihrer persönlichen

Autorität. Sie übernimmt Selbstverantwortung und erleichtert es dem Konflikt-partner, ebenfalls selbstverantwortlich zu handeln.

Eine im authentischen Status geäußerte Bitte verrät nicht Schwäche, sondern zeigt Selbstsicherheit und Stärke.

Ziehen Sie eine Bitte oder eine bittende Frage einem Befehl und einer Aufforde-rung vor. Wählen Sie zur Wunsch-Äußerung den authentischen Status.

Als zusätzliche deeskalierende Maßnahme können Sie an jeder beliebigen Stelle der bisherigen Abfolge einen Zwischenschritt einfügen. Äußern Sie Ihr Verständnis für das jeweilige Bedürfnis oder die konkrete Situation Ihres Konfliktpartners:

1. *„Thorsten, ich verstehe ja, dass du die Kappe gerne trägst. Aber mich stört sie. Setz' sie bitte ab.“*

2. *„Carla, ich kann nicht schlafen. Ich höre deine Musik im Schlafzimmer. Ich weiß, dass die Musik lauter besser klingt. Aber ich möchte schlafen. Mach Sie bitte leise.“*

3. *„Frau Schmidt, die Akte Maier ist noch nicht auf meinem Schreibtisch. Ich habe Sie ges-tern gebeten, sie mir reinzureichen. Ich weiß, dass Sie vollkommen überlastet sind. Aber ich möchte die Akte dringend bearbeiten. Bitte reichen Sie sie mir sofort rein.“*

Die Verständnismitteilung signalisiert Wertschätzung und den Willen zur Ko-operation. *„Dein Handeln ist nicht falsch, aber ich leide darunter, dass ich etwas anderes brauche, und deshalb bitte ich dich ...“* **– so sollte die innere Einstellung sein, die als heimliche Botschaft dem Konfliktpartner mitgeteilt wird. Die Ver-ständnisäußerung hat in einem Konflikt eine große deeskalierende Wirkung.**

Zusammenfassung der bisherigen Schritte

Mit diesen Schritten der persönlichen und wertschätzenden Vorgehensweise im Kon-flikt vermeiden Sie unnötige Verhärtungen und Eskalationen. Die Abfolge muss trai-niert werden. Täglich. Sie werden feststellen, wie schwer uns anfangs die Einhaltung dieser Schrittfolge fällt:

→ **abwertungsfreie Benennung des Sachverhalts**
→ **Ärgermitteilung**
→ **Bedürfnisäußerung**

→ **Verständnisäußerung**
→ **Wunschäußerung**

Je weniger Druck Sie selbst in einen Konflikt eingeben, desto weniger Widerstand wird Ihnen von Ihren Konfliktpartnern entgegengebracht werden. *„Wie man in den Wald ruft, so tönt es wieder heraus."* Der Ton macht die Musik, also achten Sie auch auf Ihre nonverbalen Signale – auf Ihren Status.

Wir haben diesen kleinen Leitfaden bislang nur an Hand von Konflikt-Beispielen erläutert, in denen es eine formale Hierarchie zwischen den beteiligten Personen gibt. Lehrerin, Vater und Chef sind die offiziell „Vorgesetzten" der Konfliktpartner, sie sind gegenüber Thorsten, Carla und Frau Schmidt in der jeweiligen Führungsposition. Doch unser Leitfaden ist auf jeden „kleinen" Konflikt übertragbar, egal ob Sie auf einer vertikalen Ebene miteinander kommunizieren oder auf einer horizontalen – also partnerschaftlich.

Wir möchten Ihnen daher zum Abschluss einige Beispiele aus unserem beruflichen und privaten Alltag geben, in denen Sie diese drei Schritte anwenden können, um Konflikte zwischen Partnerinnen und Partnern kooperativ zu bearbeiten. Bei einigen der Beispiele überspringen wir einzelne Schritte, um auf die Flexibilität dieses Modells zu verweisen:

Ihre Freundin erscheint mit 20-minütiger Verspätung am vereinbarten Treffpunkt: *„Rita, wir sind seit 20 Minuten hier verabredet.* (**Benennung**) *Ich ärgere mich, weil ich mich total abgehetzt habe und seit 20 Minuten hier in eisiger Kälte stehe.* (**Ärgermitteilung**) *Du weißt, ich brauche Pünktlichkeit.* (**Bedürfnisäußerung**) *Bitte rufe mich doch auf meinem Handy an, wenn du nicht rechtzeitig kommen kannst."* (**Wunschäußerung**)

Der Kellner hat offensichtlich Ihre Bestellung vergessen: *„Herr Ober, ich habe bei Ihnen vor zehn Minuten ein Wasser bestellt.* (**Benennung**) *Ich habe riesigen Durst.* (**Bedürfnisäußerung**) *Könnten Sie mir bitte ganz schnell mein Wasser bringen?"* (**Wunschäußerung**)

Ein Kollege hat Sie im Team vor versammelter Runde runtergeputzt: *„Herr Müller, Sie haben mich in der letzten Teamsitzung eine Versagerin genannt.* (**Benennung**) *Ich möchte mit Respekt behandelt werden.* (**Bedürfnisäußerung**) *Ich finde es okay, wenn Sie den Inhalt meiner Arbeit kritisieren.* (**Verständnisäußerung**) *Aber ich bitte Sie, künftig mögliche Kritik an meiner Arbeit so zu formulieren, dass ich weiß, was Sie verändert haben möchten."* (**Wunschäußerung**)

Ihre Partnerin gibt Ihnen geliehenes Geld entgegen der Absprache nicht zurück: *„Petra, ich bekomme noch Geld von dir.* **(Benennung)** *Ich verstehe ja, dass du knapp bist* **(Verständnisäußerung)**, *aber ich brauche mein Geld, weil ich selbst pleite bin und dringend einkaufen möchte.* **(Bedürfnisäußerung)** *Und mich ärgert, dass ich jetzt um mein eigenes Geld betteln muss.* **(Ärgermitteilung)** *Bitte gib es mir bis heute Abend zurück."* **(Wunschäußerung)**

Ihr Ehemann kommt zu spät zum Essen: *„Du hattest zugesagt, um 19 Uhr zu Hause zu sein. Das Essen ist kalt.* **(Benennung)** *Ich bin sauer, weil ich mir viel Mühe mit dem Essen gegeben habe und mich auf das gemeinsame Mahl gefreut habe.* **(Ärgermitteilung)** *Ich möchte gerne Verlässlichkeit von dir, wenn ich koche, weil ich in Ruhe und entspannter Atmosphäre mit dir essen möchte. Die gemeinsamen Mahlzeiten sind mir sehr wichtig.* **(Bedürfnisäußerung)** *Bitte rufe mich rechtzeitig an, wenn es bei dir im Büro später wird, damit ich mich darauf einstellen kann."* **(Wunschäußerung)**

Wenn Sie diese Schritte bei der Bearbeitung Ihrer Konflikte konsequent beachten, dann werden Sie beobachten, dass konfrontative Situationen deutlich abnehmen. Ihre Konflikte nehmen einen anderen Verlauf. Sie haben das Schema von Angriff und Gegenangriff durch Selbstverantwortung durchbrochen.

Voraussetzung dieser deeskalierenden Techniken ist jedoch, dass Ihre innere Haltung geprägt ist von dem Wunsch nach Verständnis und Respekt für die Handlungen Ihrer Konfliktpartner.

28. „Das weiche Wasser bricht den Stein"
4. Schritt: Beharrlichkeit

Jetzt wird's ernst!
Lehrerin: *„(...) Thorsten, bitte setz' deine Kappe ab."*
Thorsten: *„Nö, mach ich nicht. Seh' ich doch gar nicht ein. Ich behalte sie auf."*

Peng! *„Mach ich nicht!"* Drei Wörter, die einen Konflikt grundlegend verändern können und täglich dutzendfach in jeder pädagogischen Einrichtung, vielen Familien, Behörden und Betrieben geäußert werden. Alle bisherigen Ergebnisse einer kooperativen Konfliktlösungs-Strategie seitens der Lehrerin scheinen innerhalb von einer Sekunde hinweggefegt, denn Thorsten geht zur offenen Konfrontation über. Die kooperative Strategie der ersten Schritte scheint wie ein Kartenhaus in sich zusammenzubrechen. Bereitwillig greift die Lehrerin den Fehdehandschuh auf, der ihr von Thorsten vor die Füße geworfen wird, und verteidigt sich angreifend:

Th.: *„Nö, mach ich nicht. Seh ich doch gar nicht ein. Ich behalte sie auf."* (Angriff)
L.: *„So, Schluss jetzt! Spar dir deine Frechheiten. In drei Sekunden ist die Kappe vom Kopf, sonst ..."* (Gegenangriff)
Sonst ... An dieser Stelle blenden wir uns aus dem Konfliktgeschehen lieber aus. Unheil droht. Das *„Sonst"* verheißt nichts Gutes: Der Schüler muss, will die Lehrerin nicht ihre Autorität verlieren, in die Knie gezwungen werden. *„Er hat es ja selbst so gewollt",* lautet die eilfertige Rechtfertigung für die scheinbar unabwendbare Eskalation. Die Lehrerin entwickelt eine Opferhaltung und rechtfertigt ihren Angriff als angreifende Verteidigung. Die Wippe ist aktiviert.

Aber es gibt auch die andere Variante des uralten Spiels um Autorität und Macht: die kampflose Kapitulation:
Th.: *„Nö, mach ich nicht. Seh' ich doch gar nicht ein. Ich behalte sie auf."* (Angriff)
L.: *„........"* („übersieht" den Konflikt und geht ohne weitere Schritte zur Tagesordnung über)

Hilflos stehen viele Lehrerinnen und Lehrer dieser Kampfansage ihrer Schüler gegenüber. Sie schlucken den Ärger runter, schauen zur Seite und verzichten lieber auf die Androhung weiterer Konsequenzen, als dass sie riskieren, eine Niederlage vor der Klasse einzustecken – Implosion statt Explosion, Flucht statt Angriff.

Was also, wenn die Konfliktsituation es nicht erlaubt, ein längeres Gespräch zu führen? Welche Alternativen gibt es jenseits eines Konfliktgesprächs, die eigenen Interessen in dem Konflikt durchzusetzen, ohne durch Verletzungen des Gegenübers die Beziehung zu gefährden?

Die nicht eskalierende Beharrlichkeit

Die Strategie der nicht-eskalierenden Beharrlichkeit ist in ihrer verbalen Variante besser bekannt als „Strategie der kaputten Schallplatte". Wir glauben allerdings, und das werden wir in diesem Abschnitt belegen, dass diese Strategie ihre Wirksamkeit weniger auf der verbalen denn auf der nonverbalen Ebene des Konfliktverhaltens entfaltet. Aus diesem Grunde haben wir den Begriff der „kaputten Schallplatte" nicht übernommen, sondern ihn ersetzt durch eine Bezeichnung, die dem wahren Kern der Strategie eher gerecht wir: „Die nicht-eskalierende Beharrlichkeit" ist eine Körper-Strategie.

Daher bedenken Sie: Die verbale Wiedergabe des folgenden Dialogs kann die Strategie der nicht-eskalierenden Beharrlichkeit nur annähernd wiedergeben. Sie müssen sich den Konflikt vor Augen führen:

Schüler: *„Nö, mach ich nicht. Seh' ich doch gar nicht ein. Ich behalte die Kappe auf. Sie haben mir gar nichts zu sagen."* (Angriff)
Lehrerin: *„Thorsten, bitte setz' die Kappe ab. Ich möchte anfangen."*
„Aber warum denn? Die stört doch nicht." (aggressiv)
„Den Grund habe ich dir genannt. Bitte setz' sie ab."
„Aber die stört doch nicht."
„Mich stört sie, und deswegen bitte ich dich, sie abzusetzen."
„Nö, mach ich nicht."
„Thorsten, bitte."
„Aber warum denn?"
„Ich habe dir die Gründe genannt. Bitte setze sie ab."
„Und was ist, wenn ich das nicht mache?"
„Setz' sie bitte ab, Thorsten."
„Ja, sagen Sie doch mal: Wollen Sie mich deswegen rausschmeißen?"

„Bitte nimm sie runter, und die Sache ist erledigt."
„Na gut." (Setzt die Kappe ab.)
„Danke, Thorsten."
„Aber eigentlich finde ich das total blöd von Ihnen."
„Dann schlage ich vor, dass wir nach der Stunde darüber noch einmal in Ruhe reden. Okay?"
„Pfff…"

Da sich die Lehrerin in dieser für sie wichtigen Frage nicht bewegen möchte, benötigt sie einen im wahrsten Sinne des Wortes festen Standpunkt. Hartnäckig beharrt sie auf der Erfüllung ihres Wunsches. Sie bezieht Stellung, zeigt Rückgrat und weitet ihren Standpunkt in dem Konflikt auf ihr Gegenüber aus. Ihre innere respektvolle Haltung dem Schüler gegenüber bewahrt sie vor Eskalationen und gibt ihr die Kraft zur Gelassenheit: Sie verurteilt den Schüler nicht für seinen Wunsch, eine Kappe tragen zu wollen, stellt allerdings ihren eigenen Wunsch nach einem störungsfreien Unterricht dagegen.

Schauen wir uns die Vorgehensweise der Lehrerin einmal genauer an: Auf der verbalen Ebene belässt sie es bei der stetigen Wiederholung und Variation ihrer Bedürfnis- und Wunsch-Äußerung. Und das ist auch schon das ganze verbale (!) Geheimnis dieser Strategie: Bedürfnis und Bitte werden wie bei einer kaputten Schallplatte unaufhörlich wiederholt. Die verbalen Prinzipien der nicht-eskalierenden Beharrlichkeit sind demnach schnell dargestellt:

Wenn in einem Konflikt bereits alles gesagt worden ist, dann beschränken Sie sich darauf, Ihre Bedürfnis- und Wunschäußerung zu wiederholen. Lassen Sie sich nicht in Diskussionen verwickeln und verzichten Sie auf Argumente, Erklärungen und Belehrungen; lassen Sie sich durch Fragen oder Provokationen Ihres Konfliktpartners nicht auf Nebengleise führen. Beharren Sie auf Ihrem Standpunkt.

Wir möchten nicht falsch verstanden werden: Wir haben nichts gegen Diskussionen in Konflikten. Im Gegenteil. Konflikte bieten die Chance zur Begegnung. Aber es gibt Konfliktkonstellationen, in denen alles gesagt oder aber die Möglichkeit eines wirklichen Dialogs aufgrund widriger äußerer Umstände nicht gegeben ist. Für diese Fälle – und nur für diese – empfehlen wir die Strategie der nicht-eskalierenden Beharrlichkeit.

Da die verbale Ebene der Beharrlichkeit so verblüffend einfach ist, verlegen wir den Focus der Betrachtung auf die nonverbale Ebene des Konflikts: Das Geheimnis der nicht-eskalierenden Beharrlichkeit liegt in der Körpersprache bzw. dem Status der Person, die sie verwendet:

→ Nicht-eskalierend meint in diesem Zusammenhang erst einmal, dass die Person, die diese Strategie verwendet, im Laufe des Konflikts ihren Status nicht verändert, das heißt weder lauter, noch drohender, aggressiver oder verletzender wird. Denn jede Form von eskalierendem Auftreten würde den Konflikt unnötig verengen hin zur Konfrontation. Jede Eskalation bedeutet Gegnerschaft.

→ Statt auf Eskalation setzt die Strategie auf die Beharrlichkeit, d.h. auf den langen Atem und das selbstbewusste Auftreten. Die sie verwendende Person vermittelt dem Konfliktpartner die eigene Kraft nicht etwa durch Lautstärke oder Körpergröße, sondern durch die körpersprachliche Wirkung einer ruhigen und ausdauernden Präsenz – ruhige Präsenz signalisiert Souveränität.

Während die Lehrerin die verbale Technik der „kaputten Schallplatte" verwendet, bleibt sie gegenüber dem Schüler auf eine unmittelbare Art präsent. Ihre Stimme wird nicht lauter. Sie schaut den Schüler fest, aber nicht bohrend an. Sie steht aufrecht und entspannt, aber nicht drohend vor ihm. Sie gestaltet den räumlichen Abstand zu dem Schüler so, dass sie ihm auf der einen Seite durch Präsenz ihre Selbstgewissheit vermitteln kann, ihn aber andererseits nicht bedrängt. Sie geht in den Konflikt herein, ohne eindringlich zu sein. Die Lehrerin verzichtet auf Herabsetzungen und Verletzungen des Schülers, geht aber auch auf dessen Provokationen nicht ein. Durch ihre Selbstgewissheit und Gelassenheit zeigt sie dem Schüler, dass sie sich von dessen Angriffen nicht beein-druck-en lässt. Sie weiß: Würde sie sich von den provozierenden Äußerungen des Schülers auf die Palme bringen lassen, hätte er sie dort, wo er seine Lehrerin gerne haben möchte: im Kampf. Durch ihre Ge-lassen-heit (= sie lässt ihm seine Angriffe) nimmt sie dem Schüler letztlich jede Waffe aus der Hand – ihre Gelassenheit ist entwaffnend.

Die heimliche Botschaft der gelassenen Präsenz lautet: *„Du würdest mich gerne auf die Wippe ziehen und mit mir um die Kappe kämpfen. Und wenn du mich noch so sehr provozierst: Ich werde dir nicht den Gefallen tun und gegen dich kämpfen. Ich lasse mich auch nicht dazu verleiten, dich zu verletzen. Du bist nicht mein Gegner, sondern Partner. Aber ich beharre darauf, dass du mir meine Wünsche erfüllst. Und ich weiß, dass du es auch tun wirst."*

Die Faszination der Strategie der nicht-eskalierenden Beharrlichkeit liegt in der gewinnenden Ausstrahlung der Personen, die sie anwenden. Sie wirken ruhig und kraftvoll. Sie sind in einem hohen Maße authentisch und selbstsicher. Gewinnende Personen kämpfen nicht oder geraten außer sich, sondern ruhen in sich und sind sich ihrer Gefühle, Bedürfnisse und Wünsche bewusst. Selbst-bewusst. Selbst-gewiss. Gewinnende Menschen besiegen nicht, sondern gewinnen ohne zu siegen!

Je selbstgewisser, gewinnender und wertschätzender das eigene Auftreten im Konflikt ist, desto größer ist die Wahrscheinlichkeit, dass sich der Konfliktpartner gemäß meinen Wünschen verhält.

Und umgekehrt gilt: Jede Form von Unsicherheit, Angst und Selbstzweifel schwächt meine Position, weil mein Konfliktpartner mein inneres Schwanken an meiner äußeren Haltung erkennt – meine Schwäche stärkt seine Position, und er beginnt gegen mich zu kämpfen.

Wir kennen dieses Phänomen nur allzu gut im Umgang mit unseren Kindern: Wenn wir völlige Klarheit darüber haben, dass wir ein bestimmtes Verhalten, das sie gerade äußern, nicht wünschen, dann kommt das entsprechende STOPP auch absolut wirksam und gewinnend rüber. Das STOPP ist ein STOPP, und kein Stöppchen. Auch müssen wir unser STOPP nicht brüllen. Eine feste Stimme transportiert unsere Selbstgewissheit. Und das Erstaunliche ist: Das STOPP wirkt – das Kind hält inne.

Und was geschieht bei all unseren ständigen Ermahnungen, die wir nur halbherzig und gebetsmühlenartig äußern:

Mutter: *„Ach Mensch, Volker. Du weißt doch, dass mich das stört. Bitte hör doch endlich auf damit."* Volker hält bestenfalls einen Moment inne und macht dann weiter – bis zur nächsten mütterlichen Ermahnung. Und irgendwann weiß Volker, dass er bei dieser Art von mütterlicher Intervention überhaupt nicht reagieren muss, weil sich hinter ihr keine Entschieden-heit verbirgt – die Mutter hat sich noch nicht dazu entschieden, diesen Konflikt durchstehen zu wollen. Offensichtlich ist der Grad ihres Leidens noch nicht groß genug. Und Volker denkt sich: *„Die Mutter meint das ja gar nicht so."* Stimmt. Also weiter! Aus diesem Grund kann es bei Kindern oder Jugendlichen angemessen sein, noch klarer zu werden und wie ein Dompteur einem Raubtier zu sagen: *„Volker, du räumst jetzt deine Sachen weg!"* Und in manchen Konflikten ist es notwendig, diese Aufforderung beharrlich und kraftvoll zu wiederholen.

In unseren Seminaren begegnen wir immer wieder Teilnehmerinnen oder Teilnehmern, die eine gewinnende Präsenz schnell entfalten können und denen die Anwendung der Strategie der nicht-eskalierenden Beharrlichkeit sehr leicht fällt. Deren jeweilige Konfliktpartner in den Rollenspielen geben ihnen anschließend erstaunliche Rückmeldungen: *„Nach zwei oder drei Sätzen habe ich gespürt, dass du völlig klar bist. Ich habe bei dir keinerlei Zweifel gesehen, dass du es ernst meist und hinter dem stehst, was du sagst. Gleichzeitig war dein Auftreten so freundlich, dass ich einfach auf deine Wünsche eingehen musste. Ich konnte gar nicht anders!"* Und bei näheren Nachfragen, ob sie sich vom jeweiligen Gegenüber gezwungen oder gedrückt gefühlt haben, äußern diese Rollenspielerinnen oder Rollenspieler: *„Eigentlich nicht. Du warst einfach so sicher, und dann habe ich es einfach gemacht. Mein Gesicht habe ich nicht dabei verloren."*

Innerhalb der Strategie der nicht-eskalierenden Beharrlichkeit gibt es zwei Varianten, die je nach Situation angewendet werden können, aber einen entscheidenden Unterschied aufweisen:

1. Bei der **kooperativen** Variante der nicht-eskalierenden Beharrlichkeit vermeidet die sie verwendende Person jeden Anflug von Aggressivität und Druck. Durch ein durchgehend freundliches und respektvoll-verständliches, aber bestimmtes Auftreten soll verhindert werden, dass der Konfliktpartner in eine konfrontative Konfliktkonstellation gedrückt wird und beginnt, um sein Gesicht zu kämpfen. Die heimliche Botschaft dieser Variante lautet: *„Ich kämpfe nicht gegen dich. Du bist nicht mein Feind. "* Solange dieser das Gefühl behält, die vom Gegenüber gewünschte Handlung vollziehen zu können, ohne eine Niederlage kassiert zu haben, ist der Konflikt kooperativ verlaufen. Die Verhaltensänderung des Konfliktpartners erfolgt in diesem Fall trotz aller Beharrlichkeit letztlich freiwillig und selbstverantwortlich.

2. Bei der zweiten Variante, einer **konfrontativen** Variante, werden Sie bestimmter. Hier klingen Sie wie ein Dompteur, der seine Forderung auf die ganze Kraft seiner natürlichen Autorität stützt, ohne auch nur den geringsten Zweifel daran zu lassen, dass das Gegenüber die Forderung erfüllt: *„Ich möchte, dass du **jetzt** deine Sachen wegräumst!"* Die zweite Variante kann nur angewendet werden, wenn Sie vorher erfolglos die erste probiert haben. Ansonsten verkommt diese zweite Variante zu einem Befehl, der im Zeitpunkt seiner Benennung bereits Strafe in Aussicht stellt, also Zweifel beinhaltet an der Möglichkeit, dass der andere überhaupt kooperativ sein könnte.

Illustrieren wir die „konfrontative Variante" dieser Strategie an einem Beispiel. Stellen Sie sich die folgenden Sätze der Lehrerin in einem gleich bleibend festen und bestimmten Ton vor. Die Lehrerin ist also nicht mehr freundlich. Sie tritt kraftvoll auf, ohne jedoch zu eskalieren:

„Thorsten, ich habe dir gesagt: Die Kappe kommt ab. "
„Aber warum denn? Die stört doch nicht. "
„Die Kappe kommt ab. "
„Und was ist, wenn ich sie nicht absetze?"
„Setz' sie ab!"
„Was wollen Sie denn dann machen, Klassenkonferenz?"
„Bitte!"
„Bei anderen Lehrern darf ich sie auch tragen. Nur bei Ihnen nicht. "
„Ich möchte, dass du sie jetzt absetzt. "
„Das ist gemein. Die türkischen Mächen dürfen Kopftücher tragen. Wo ist da der Unterschied?"
*„Ich möchte, dass du sie **jetzt** absetzt. "*
„Wissen Sie was, Sie sind echt eine Pfeife, nur wegen der blöden Kappe!" (Wut)

„Ich weiß, du bist sauer, aber ich möchte, dass du sie jetzt absetzt."
„Ich hab's ja gehört, verdammt." (zieht die Kappe ab)

Der Schüler hat erfahren, dass er zu weit gegangen ist und begreift, dass die Lehrerin verantwortlich ist für den Ablauf des Unterrichts. Und er weiß, dass die Lehrerin trotz seines hohen Maßes an „Angriffsenergie" beharrlich auf Gegenangriffe verzichtet hat – eine seltene Erfahrung für Kinder und Jugendliche angesichts häufiger verletzender Gegenschläge seitens der angegriffenen Erwachsenen.

Der Pfad, der eine kooperative von einer konfrontativen Strategie der Beharrlichkeit trennt, ist schmal. Oft macht nur der Ton die Musik. Eine drohende Stimme kann einen Konflikt kippen lassen. Je aggressiver ein Konfliktpartner auftritt, desto stärkeren Druck übt er aus. Druck erzeugt Gegendruck. Wäre die Lehrerin hier aggressiv oder angreifend/scharf aufgetreten, dann hätte der Schüler mit dem Absetzen der Kappe sein Gesicht verloren.

Je druckvoller die Strategie der nicht-eskalierenden Beharrlichkeit geäußert wird, desto leichter fällt es dem Kontrahenten, sich zu verschließen und Gegendruck zu erzeugen. Umgekehrt gilt: Je respektvoller und druckloser diese Strategie geäußert wird, desto größer die Chance, dass sich der Konfliktpartner gemäß eigenen Wünschen verhält.

In unseren Seminaren, in denen wir diese beiden Strategie-Möglichkeiten in vielen Rollenspielen trainieren, entbrennt immer wieder eine Diskussion darüber, ob der Status der sie verwendenden Person in der kooperativen oder aber in der konfrontativen Variante höher ist. Wer wirkt souveräner und selbstsicherer: Die freundlich-bestimmt auftretende oder aber die druckvoll-bestimmt auftretende Person?

Verwechseln Sie nicht Freundlichkeit mit Tief-Status, und Druck mit Hoch-Status. Ein freundlich-bestimmtes Auftreten ist nicht kraftlos und ein druckvolles Auftreten nicht unbedingt souverän. Im Gegenteil. Angst äußert sich stets in Anspannung und Druck. Dafür gibt es einfache physiologische Erklärungen: Bei Angst spannen wir unseren Körper an, um ihn zu schützen bzw. für Angriff oder Flucht zu aktivieren – wir stehen physisch wie psychisch unter Druck.

Und schon aus dem ersten Hauptteil des Buches wissen wir: In einem Konflikt üben wir immer dann Druck auf unseren Konfliktpartner aus, wenn wir vor ihm Angst bekommen. Wir möchten den Kontrahenten mit unserem Druck (= druck-volle Stimme, beängstigende Größe etc.) beeindrucken und diesen Druck auf den Kontrahenten übertragen – er soll die Angst vor uns bekommen, die wir schon vor ihm haben.

Mit anderen Worten: Eine Person, die freundlich-bestimmt auftritt, **kann** souveräner und angstfreier wirken als eine Person, die die druckvoll-bestimmte Variante der Strategie der nicht-eskalierenden Beharrlichkeit wählt. Wir haben bewusst das Wort „kann" verwendet. Denn in unseren Seminaren erleben wir immer wieder, dass nicht jede Person beide Varianten authentisch verkörpern kann. Zu unterschiedlich sind die individuellen Stärken und Schwächen, als dass wir in diesem Buch eine generelle Aussage über den höheren bzw. tieferen Status oder gar eine Empfehlung für eine der beiden Variationen geben könnten: Das freundliche Auftreten wirkt bei manchen Teilnehmern passend, bei anderen devot oder gequält. Die konfrontative Variante wirkt bei den einen echt, bei anderen zu aggressiv oder nicht stark genug. Im Zweifelsfall entscheidet die Authentizität der Teilnehmerinnen und Teilnehmer: Was für die eine Person gut und passend, kann für eine andere aufgesetzt sein.

Und natürlich ist die Entscheidung für die eine oder andere Strategie-Variante situationsabhängig. Es gibt Konfliktkonstellationen, in denen ist eine Erhöhung des Drucks notwendig, um den Kontrahenten zur Verhaltensänderung zu bewegen. Stellen Sie sich zur Verdeutlichung die folgende Situation zwischen zwei Freunden vor: Peter schuldet seinem Freund Achim Geld. Es hat klare Absprachen bezüglich der Rückgabe gegeben, die von Peter nicht eingehalten wurden. Auch hat Achim seinen Freund Peter diesbezüglich bereits mehrere Male angemahnt. Achim steht finanziell unter enormem Druck:

„Mensch, Peter, ich bekomme noch 100 € von dir. Ich brauche sie dringend. Bitte bring' mir das Geld heute noch vorbei." (freundlich-bestimmt)
„Sag' mal, spinnst du. Heute noch? Das geht nicht. Woher soll ich das Geld nehmen?"
„Leihe es dir von jemand anderem. Ich verstehe ja dein Problem. Aber ich muss meine Telefonrechnung bezahlen. Heute ist der letzte Tag. Wir hatten es so vereinbart." (freundlich-bestimmt)
„Mal eben auf die Schnelle leihen. Wie stellst du dir das vor?"
„Ich weiß nur, dass ich es bis heute nachmittag brauche und wir es vereinbart hatten. Bitte bringe es mir." (freundlich-bestimmt)
„Habe ich kapiert, aber wie soll ich das machen?"
„Ich weiß es nicht. Tut mir Leid. Bitte bring es mir." (freundlich-bestimmt)
„Aber wie denn?"
„Bitte bringe es mir vorbei; ich bin ab 15 Uhr zu Hause und brauche es bis 17 Uhr." (druckvoll-bestimmt)
„Sag' mal, das klingt ja wie mein Chef. Was glaubst du, wer du bist?"
„Bitte Peter, ich bin auf das Geld heute angewiesen – egal wie." (druckvoll-bestimmt)
„Toller Freund, mich so zu erpressen."
„Du bist unter Druck, o.k. Ich möchte, dass du mir bis heute Nachmittag mein Geld organisierst." (druckvoll-bestimmt)
„Das geht nicht. Das kriege ich nicht hin."

„Ich brauche mein Geld.“ (druckvoll-bestimmt)
„Tschüss.“

In Abwandlung der verbalen Technik der „kaputten Schallplatte“ verwendet Achim eine etwas andere Vorgehensweise, um seine Interessen zu verfolgen: Er variiert die Worte. Er umschreibt mit immer neuen Formulierungen seinen Wunsch, das Geld noch am gleichen Nachmittag zu bekommen: *„Ich brauche es“*, *„Bitte bringe es mir“* oder: *„Ich bin darauf angewiesen.“* Auch begründet er seinem Freund Peter seine Vorgehensweise immer wieder mit neuen Sätzen.

Auf der verbalen Ebene ist ein Variationswechsel innerhalb der Strategie nicht nachweisbar. Die strategische Änderung erfolgt auf der nonverbalen Ebene des Konflikts: Achim ändert, nach einigen erfolglosen Versuchen, seinen Freund mit einer freundlichen Bestimmtheit zur Zahlung zu bewegen, seinen Status: Er wechselt von der kooperativen zur konfrontativen Variation der nicht-eskalierenden Beharrlichkeit. Sein Auftreten wird druckvoller, die Stimme fester.

Wenn Achim hier noch einen Schritt weiter geht (*„Peter, ganz egal wie, besorg mir mein Geld bis heute Nachmittag, wir hatten die Vereinbarung und Schluss!“* – **druckvoll-bestimmt und scharf**), bedeutet dieser nonverbale Status-Wechsel: Falls Peter am Nachmittag Achim sein Geld zurückgeben sollte, dann nicht etwa aus Einsicht und Selbstverantwortung, sondern weil er sich dem Druck seines Freundes aus Angst vor möglichen Konsequenzen beugt. Achim wiederum scheint das Geld so wichtig zu sein, dass er durch den Wechsel zur konfrontativen Strategie sogar riskiert, die gute Beziehung zu seinem Freund aufs Spiel zu setzen.

Mit Hilfe der *kooperativen* Variante der nicht-eskalierenden Beharrlichkeit will eine Konfliktpartei den Konfliktpartner durch ein selbstgewisses und zugleich wertschätzendes Auftreten für die eigenen Interessen gewinnen. Mit Hilfe der *konfrontativen* Variante möchte die Konfliktpartei den Kontrahenten durch ihr druckvolles Auftreten bewegen – wobei hier die Grenze fließend ist zum Besiegen.

Bei aller Unterschiedlichkeit der beiden Varianten dieser Strategie gibt es wichtige Gemeinsamkeiten:
➜ In beiden Fällen verzichten die Konfliktparteien auf Eskalationen durch Abwertungen.
➜ In beiden Variationen wird die eigene Kraft durch die Faktoren Ausdauer und selbstsicheres Auftreten vermittelt.
➜ Beide Varianten dieser Strategie sind demokratisierbar in dem Sinne, dass sie von allen Personen ungeachtet des Geschlechts oder der Körpergröße ergriffen werden können. Die Kraft vermittelt sich über die Ausstrahlung und nicht über die Körperkraft.

→ Im Gegensatz zur Eskalation sind Konflikte, in denen die beiden Variationen der nicht-eskalierenden Beharrlichkeit angewendet werden, vertagbar.

Als Überleitung zum nächsten Schritt des Konfliktleitfadens schauen Sie sich bitte den folgenden Streit aus einem beruflichen Umfeld an. Während einer Teamsitzung kommt es zu einem Konflikt zwischen der Vorgesetzten und einem ihrer Mitarbeiter:

Vorgesetzte: *„Ich möchte diesen Punkt der Tagesordnung jetzt wie verabredet abschließen und zum nächsten Punkt übergehen.“*
Mitarbeiter: *„Das geht aber nicht. Wir haben darüber noch nicht ausführlich diskutiert.“*
„Herr Schulze, wir hatten vorher gemeinsam verabredet, dass wir die einzelnen Punkte nicht heute diskutieren, sondern auf der nächsten Sitzung aufgreifen und vertiefen. Ich möchte Sie bitten, Ihren Diskussionswunsch dementsprechend zurückzustellen.“ (freundlich-bestimmt)
„Das seh' ich gar nicht ein. Die heiklen Punkte werden immer vertagt. So kommen wir nie auf den Punkt. Ich verlange eine Aussprache.“
„Herr Schulze, ich verstehe Ihr Anliegen. Aber so Leid es mir tut: Ich möchte mich an die Verabredungen halten und zum nächsten Punkt übergehen.“ (freundlich-bestimmt)
„Ihre Vorgehensweise ist autoritär.“
„Ich berufe mich auf gemeinsam gefällte Beschlüsse und möchte deshalb zum nächsten Punkt übergehen.“ (freundlich-bestimmt)
„Sie buttern mich mit meinen Vorschlägen immer unter. Nur weil meine Vorschläge Ihnen nicht passen, gehen Sie zum nächsten Punkt über.“
„Herr Schulze, bitte akzeptieren Sie, dass ich den nächsten Tagesordnungspunkt beginnen möchte.“ (freundlich-bestimmt)
„Wenn das so weitergeht, halte ich mich immer zurück.“
„Ich möchte, dass wir die Diskussion an diesem Punkt beenden.“ (druckvoll-bestimmt)
„Auf diese Art und Weise buttern Sie mich immer unter!“
„Herr Schulze, ich glaube, dass zwischen Ihnen und mir grundsätzlicher Klärungsbedarf besteht, und ich möchte deshalb, dass wir uns außerhalb der Teamsitzung in Ruhe unterhalten. Ich möchte nicht, dass Sie sich zurückgesetzt fühlen und sich zurückziehen. Mir liegt viel an Ihrer Mitarbeit. Bitte lassen Sie uns gleich in der Pause einen Termin vereinbaren. Einverstanden?“ (freundlich-bestimmt)
„Meinetwegen. Aber richtig finde ich das trotzdem nicht.“
„Danke, Herr Schulze. Ich denke, wir werden das klären können. (zwei Sekunden Pause) *So, ich möchte jetzt zum nächsten Punkt der Tagesordnung übergehen.“*

Die Vorgesetzte war gewillt, die verabschiedete Tagesordnung einzuhalten. Sie hat den Einwänden von Herrn Schulze ihren Wunsch auf Vertagung entgegengesetzt. Mit nicht-eskalierender Beharrlichkeit hat sie auf der Einhaltung der Vereinbarungen bestanden. Die Angriffe und Provokationen ihres Mitarbeiters hat sie zunächst ignoriert. Im Verlaufe des Konflikts hat sie ihren Status zweimal verändert.

Schließlich kam sie zu dem Entschluss, den Konflikt aus der Teamsitzung herauszuziehen und zu vertagen. Sie gewann zunehmend den Eindruck, dass sich der Konflikt nicht auf den Punkt der Tagesordnung beschränkt, sondern grundsätzliche Züge einer Beziehungsstörung zwischen ihr und Herrn Schulze trägt. Aus diesem Grunde unterbreitete sie ihrem Mitarbeiter das Angebot, den Konflikt im Rahmen eines längeren Gesprächs zu bearbeiten. Nachdem Herr Schulze eingewilligt hatte, kehrte die Vorgesetzte zu ihrer ursprünglichen Wunsch-Äußerung zurück und konnte zum nächsten Tagesordnungspunkt übergehen.

Mit diesem Beispiel sind wir bereits zum nächsten Zwischenschritt des Konfliktleitfadens übergegangen: Vertagen eines Konflikts.

Wenn Sie mit nicht-eskalierender Beharrlichkeit ihre Bedürfnisse und Wünsche in den Konflikt einbringen, dann halten sie ihn offen. Sie behalten sich die Möglichkeit vor, jederzeit den Konflikt vertagen zu können, um einen günstigeren Rahmen oder Zeitpunkt für ein ausführliches Konfliktgespräch zu finden.

29. „Gut Ding will Weile!"
Zwischenschritt:
Vertagen eines Konflikts

Wenn zwei Schüler im Unterricht stören, wollen die betroffenen Lehrer sofort intervenieren. Wenn die Musik der Tochter zu laut ist und die Eltern deswegen nicht schlafen können, werden sie es ihr direkt sagen müssen. Und wenn ein Mitarbeiter entgegen den Absprachen den Wagen nicht aufgetankt hat, der Vorgesetzte aber zur Dienstreise aufbrechen wollte, dann wird dieser ihn unmittelbar bitten, das Versäumte nachzuholen. Aktuelle Konflikte benötigen manchmal eine direkte Intervention. Aber Intervention bedeutet keinesfalls, dass die Konflikte gelöst sind. Intervention heißt lediglich, dass die betroffenen Personen in der Situation sofort eingreifen, um die unmittelbare Erfüllung ihrer Wünsche durchzusetzen. Eine Intervention ersetzt kein Konflikt-Gespräch. Im Gegenteil:

Durch die Intervention, die meist unter Zeitdruck ein relativ entschlossenes Auftreten und ein schnelles Durchsetzen eigener Bedürfnisse und Interessen erfordert, wird ein nachfolgendes klärendes Konflikt-Gespräch geradezu erst notwendig, um eventuelle Missverständnisse, grundlegende Beziehungsprobleme oder gar Verletzungen zu klären.

Außerdem bietet sich in einem ausführlichen Konfliktgespräch die Möglichkeit, Näheres über die Emotionen, Bedürfnisse und Wünsche, aber auch die Hintergründe des Konfliktpartners in Erfahrung bringen zu können. Erst auf dieser Basis lassen sich tragfähige und einvernehmliche Lösungen des zugrunde liegenden Konflikts erzielen.

Neben dem Erfordernis einer sofortigen Intervention aufgrund einer aktuellen Störung gibt es natürlich weitere Gründe, die Bearbeitung und Lösung eines Konflikts an einen günstigeren Ort und auf einen besseren Zeitpunkt zu vertagen. Das Vertagen eines Konflikts ist besonders dann ratsam, wenn die Emotionen von mindestens einer an dem Konflikt beteiligten Person „hochkochen". Je heftiger die Emotionen, desto stärker tendieren wir dazu, die andere Konfliktpartei für unseren Ärger verantwortlich zu machen. Schuldzuweisungen, Herabsetzungen oder gar Verletzungen kommen uns fast automatisch über die Lippen. Das Ergebnis sind Wortgefechte. Der aktuelle

Ärger steht einer kooperativen Bearbeitung des Konfikts im Wege. Oder besser: Wir stehen uns mit unserem Ärger selbst im Wege.

Vertagen Sie einen Konflikt, wenn Sie spüren, dass Sie oder Ihr Konfliktpartner „auf 180" sind. Denn je größer der Ärger, desto größer die Wahrscheinlichkeit, dass ein Konflikt einen konfrontativen Verlauf nimmt. Ziehen Sie die Bearbeitung und Lösung eines Konflikts aus der aktuellen Situation heraus. Schaffen Sie sich entspanntere Bedingungen, die einer kooperativen Vorgehensweise dienlich sind.

Es gibt weitere gute Gründe, die Bearbeitung und Lösung eines Konflikts zu verschieben: Sind zum Zeitpunkt des Konflikts unbeteiligte oder nur mittelbar beteiligte Personen am Konfliktort anwesend, so versuchen Sie eine Vertagung herbeizuführen: Die Vorgesetzte bittet – in unserem Beispiel – ihren Mitarbeiter um ein Gespräch unter vier Augen. Einerseits spürt sie, dass der eigentliche Konflikt nur bedingt etwas mit der Tagesordnung zu tun hat. Die Basis des Konflikts liegt auf der Beziehungsebene zwischen ihr und dem Mitarbeiter. Andererseits fürchtet sie, dass sich bei so vielen „Zuschauern", die auf der Team-Sitzung anwesend sind, Motivverschiebungen ergeben könnten: Der Mitarbeiter kämpft mit zunehmendem Konfliktverlauf um die Wahrung seines Gesichts, die Vorgesetzte um ihren Führungsanspruch und damit um ihre Autorität. Konflikte um einen drohenden Gesichts- und Autoritätsverlust werden um so heftiger ausgetragen, je mehr Zuschauer anwesend sind.

Jeder Zuschauer eines Konflikts erhöht die Wahrscheinlichkeit einer Motivverschiebung. Fragen von Autorität und Ehre rücken in das Zentrum des Konflikts. Ein Einlenken oder Nachgeben kommen dann einer Niederlage und damit einem Verlust an Ehre oder Autorität gleich.

Um nicht in diese Konflikt-Falle zu tappen, sollten die Beteiligten zu jeder Phase des Konflikts überprüfen, ob sich nicht ein Vertagen der Auseinandersetzung empfiehlt. Ein Konfliktgespräch unter vier Augen zwischen der Vorgesetzten und ihrem Mitarbeiter erhöht die Chance, dass die Probleme kooperativ bearbeitet werden können.

Allein eine nicht-eskalierende Vorgehensweise hält einen Konflikt offen und ermöglicht jederzeit die niederlagenfreie Option des Vertagens.

Wenn Sie als Eltern, Pädagogen oder Führungskraft in einen Konflikt direkt oder indirekt verwickelt sind, dann sollten Sie auch entscheiden, wo der richtige Ort und wann der richtige Zeitpunkt ist, einen Konflikt zu bearbeiten. Lassen Sie sich daher, außer bei dringend erforderlichen Interventionen, nicht von anderen die Bedingungen der Konfliktbearbeitung vorschreiben.

Wichtig ist, dass Sie nicht kommentarlos aus dem Konflikt gehen, denn diese stumme Art von Vertagen wird in fast allen Fällen von Ihren Konfliktpartnern als verletzende Hoch-Status-Handlung, und damit als Herabstufung und Verletzung empfunden. Äußern Sie einen Wunsch nach Vertagen in der Form des „Ich weil Ich" und begeben Sie sich dabei möglichst in einen authentischen Status.

„Herr Schulze, ich glaube, dass zwischen Ihnen und mir grundsätzlicher Klärungsbedarf besteht und ich möchte deshalb, dass wir uns außerhalb der Teamsitzung in Ruhe unterhalten. Ich möchte nicht, dass Sie sich zurückgesetzt fühlen und sich zurückziehen. Mir liegt viel an Ihrer Mitarbeit. Bitte lassen Sie uns gleich in der Pause einen Termin vereinbaren. Einverstanden?" (freundlich-bestimmt)
„Meinetwegen. Aber richtig finde ich das trotzdem nicht."

Wenn die Gefahr einer Konfrontation besteht, vertagen Sie! Wenn Sie einen Motivwechsel spüren oder aber Zeit und Ort des Konflikts Ihnen ungeeignet erscheinen, vertagen Sie! Wenn Sie nicht sicher sind, ob Sie selbst diesen Konflikt kooperativ durchstehen können, vertagen Sie! Aber: Vertagen Sie nur mit dem Einverständnis Ihres Konfliktpartners.

30. „In der Ruhe liegt die Kraft!"

5. Schritt: Konflikt-Gespräch

Abschließend möchten wir Ihnen den letzten Schritt unseres Konfliktleitfadens vorstellen: das Konfliktgespräch. Es steht am Ende dieses Leitfadens, weil es im Gegensatz zu allen vorherigen Schritten eines erfordert: Ruhe. Für ein Konfliktgespräch sollten Sie sich Zeit nehmen – vorher wie für das Gespräch selbst.

Zunächst unsere Empfehlung: Gehen Sie mit Bewusstheit in jedes Konfliktgespräch hinein. Das setzt voraus, dass Sie sich vor jedem Gespräch Gedanken darüber machen sollten, welche Ziele Sie verfolgen und wie Sie das Gespräch führen, d.h. aufbauen möchten.

Wir möchten einen Punkt der Bewusstheit anführen, der unserer Erfahrung nach von zentraler Bedeutung ist: Versuchen Sie im Vorfeld des Konflikts zu unterscheiden, wo in dem Konflikt der Zündstoff liegt, und wo der Schlüssel für Begegnung und Gemeinsamkeit. Als Grundregel beachten Sie: Nur auf der Basis von Gemeinsamkeit und Begegnung ist es bei der Konfliktbewältigung möglich, den Zündstoff eines Konflikts zu behandeln, ohne sich die Finger zu verbrennen. Spielen Sie nicht mit der Lunte, wenn Ihr Gesprächspartner noch das Feuer in der Hand hält. Bemühen Sie sich darum, das Gespräch auf eine gemeinsame Grundlage zu stellen, bevor Sie die explosiven Punkte behandeln.

Erläutern wir diesen zentralen Punkt der Bewusstheit an einem konkreten Konflikt-Beispiel:

Ein Lehrer hat die Eltern eines Kindes zu sich gebeten, das seit einigen Wochen verhaltensauffällig ist: Der Junge, nennen wir ihn Sven, prügelt sich seit einiger Zeit häufig mit seinen Schulkameraden, und teilweise eskalieren diese Streitigkeiten derart heftig, dass auch mal Blut fließt. Nach Einschätzung des Klassenlehrers ist Sven der Verursacher der Auseinandersetzungen. Alle bisherigen Gespräche mit Sven verliefen erfolglos: Sven blockt und macht dicht. Dessen Eltern wissen aus einem kurzen Telefonat, worum es bei dem Gespräch mit dem Lehrer gehen wird. Zu dem vereinbarten Termin erscheint Svens Vater.

So viel zum Szenario des anstehenden Gesprächs. Kehren wir zurück zum zentralen Punkt der Bewusstheit: Der Lehrer sollte sich im Vorfeld des Konflikts Gedanken darüber machen, worin der Zündstoff bestehen könnte und wo gemeinsame Interessen mit dem Vater liegen könnten:

→ **Zündstoff:** Eine Etikettierung Svens als verhaltensauffällig und gewaltbereit wäre eine Schuldzuschreibung: Sven ist ein Prügelknabe! Vermutlich wird sich der Vater schützend vor seinen Sohn stellen, die Schuldzuschreibung als Angriff empfinden und – da er schützend vor seinem Sohn steht – den Angriff als gegen sich gerichtet empfinden. Eine Abstempelung seines Sohnes als „gewaltbereit" wird der Vater so hören: *„Ich bin Vater eines gewaltbereiten Sohnes. Und da ein Apfel nicht weit vom Stamm fällt, bin ich schuld!"*

→ **Gemeinsamkeit:** Vater und Lehrer wollen dem Sohn helfen, der sich offenbar in Schwierigkeiten befindet. Beide haben demnach ein ähnliches Interesse: durch gemeinsame Maßnahmen und gegenseitige Hilfe die Situation von Sven zu verbessern.

Skizzieren wir kurz den Ablauf des Gesprächs, wie es in dem Falle verlaufen könnte, dass der Zündstoff in den Vordergrund gestellt wird:

Lehrer: *„Guten Tag, Herr Maier. Schön, dass Sie die Zeit für das Gespräch gefunden haben. Setzen Sie sich."*
Vater: *„Guten Tag. Worum geht's?"*
Lehrer: *„Sven macht mir Sorgen. Seit einigen Wochen provoziert er immer wieder Prügeleien auf dem Schulhof und manchmal auch in der Klasse, die teilweise heftig verlaufen. Andere Eltern haben sich bereits über ihn beschwert. Auf einen Punkt gebracht: Sven fällt durch eine erhöhte Gewaltbereitschaft auf, und wir müssen einfach etwas unternehmen – auch zum Schutz anderer Kinder."*
Vater: *„Moment mal, wollen Sie damit sagen, dass mein Sven ein Gewalttäter ist? Das kann doch gar nicht sein. Mir erzählt er aber etwas ganz anderes: Wenn mein Sohn gemobbt und gehänselt wird, dann muss er sich doch wehren. Es ist schließlich Ihre Pflicht, Aufsicht zu führen. Wenn Sie dazu nicht in der Lage sind, mein Kind zu schützen, dann ..."*

Blenden wir uns aus dem Gespräch aus. Es verläuft als Frontenkrieg. Die beiden Kontrahenten werden viel Mühe haben, ihre Schützengräben zu verlassen, um dem Sohn zu helfen. Sven bleibt auf der Strecke.

Wie also hätte der Lehrer vermeiden können, durch Schuldzuschreibungen und Verurteilungen den Konflikt zu verengen und den Vater zu einem Gegenangriff zu veranlassen:

Lehrer: *„Guten Tag, Herr Maier. Schön, dass Sie die Zeit für das Gespräch gefunden haben. Setzen Sie sich."*
Vater: *„Guten Tag. Zeit gefunden ist gut: Sie haben mich herbeizitiert. Wahrscheinlich, weil Sven angeblich wieder mal was ausgefressen hat."*
Lehrer: *„Sven hat nichts ausgefressen, aber ich mache mir Sorgen. Und ich habe Sie zu dem Gespräch gebeten, weil ich gemeinsam mit Ihnen Hilfe für Sven suchen möchte."*
Vater: *„Das sind ja ganz neue Töne von Ihnen. Da bin ich ja mal gespannt."*
Lehrer: *„Ich möchte Ihnen kurz meinen Eindruck schildern: Ich denke, dass Sven in letzter Zeit nicht mehr gerne zur Schule geht. Er kam dreimal die Woche erst in der dritten Stunde. Er hat viel Streit und viel Ärger mit seinen Kameraden, und manche dieser Konflikte enden mit einer blutigen Nase. Wenn ich die Kampfhähne dann frage, wer angefangen hat, dann zeigt einer auf den anderen. Aber um die Schuldfrage geht es auch gar nicht: Ich mache mir Sorgen, weil ich ihn so gar nicht kenne. Er ist seit vier Wochen in mindestens drei Schlägereien pro Woche verwickelt, und ich glaube, er braucht Hilfe. Deshalb bin ich dankbar, dass Sie gekommen sind."*
Vater: *„Wollen Sie sagen, dass mein Kind prügelt. Das ist doch lächerlich. Mir erzählt er etwas ganz anderes. Sven wird gemobbt."*
Lehrer: *„Er hat Ihnen erzählt, dass er gemobbt wird?"*
Vater: *„Natürlich. Wenn er mit einer blutigen Nase kommt, frage ich doch nach. Tja, und dann heult der los …"*

Das Gespräch steht nach einem schweren Start auf einer gemeinsamen Basis. Aber der „bis an die Zähne bewaffnete" Vater macht es dem Lehrer nicht gerade leicht, den Weg der Kooperation zu beschreiten. Präventiv startet er eine angreifende Verteidigung nach der anderen. Nur mit Hilfe einer beharrlichen Ignoranz der Angriffe und einer fortgesetzten Kooperation kommt der Lehrer allmählich zum Ziel: eine gemeinsame Hilfe für Sven zu suchen.

Entscheidend für den Konfliktverlauf war neben der Artikulation des Konflikt-Interesses, nämlich Sven helfen zu wollen, der Verzicht des Lehrers, zu Beginn des Gesprächs eine Schuldzuschreibung an Sven vorzunehmen: Statt Sven als Verursacher der Streits zu benennen, hat der Lehrer die Schuldfrage offen gelassen und stattdessen von Konflikten gesprochen, in die Sven zunehmend verwickelt ist. Damit hat er eine wohlwollende Beschreibung vorgenommen, die dem Vater die Möglichkeit eröffnet, sich seinerseits auf das Gespräch einzulassen. Wenn Sven nicht angegriffen wird, muss sich der Vater auch nicht mit einem verteidigenden Gegenangriff in die Schusslinie werfen …

Aber ist der Lehrer nicht unehrlich: Er ist sich doch sicher, dass Sven der Verursacher der Auseinandersetzungen ist. Nein! Der Lehrer führt das Gespräch. Er geht taktisch vor. Zunächst stellt er eine gemeinsame Basis mit dem Vater her – die Hilfe für Sven –, dann spricht er Tacheles. Er bringt den Zündstoff in das Gespräch erst ein, wenn er sicher ist, dass er den Vater im Boot hat und dieser schon aus Interesse für seinen Sohn die Lunte nicht anzünden wird, die das Boot zum Explodieren bringt.

Gegen Ende des Gesprächs redet der Lehrer Klartext:
Lehrer: *„Herr Schmidt, vielen Dank für Ihre Offenheit. Ich denke, mir ist jetzt einiges klarer. Das, was Sie mir erzählt haben, deckt sich auch mit meiner Beobachtung: Sven reagiert auf die Probleme, die Sie mir geschildert haben, mit einer großen Gereiztheit. Bei dem kleinsten Ärger geht er an die Decke und eckt damit bei seinen Klassenkameraden an. Und dadurch provoziert er natürlich viele Streitigkeiten, in denen er teilweise überreagiert. Ich denke, er ist in diesen Situationen, in denen er um sich schlägt, einfach hilflos."*
Vater: *„Zu Hause erlebe ich das auch manchmal ..."*

Ein Gespräch zu führen heißt nicht, Tatsachen aus Angst vor Zündstoff zu unterschlagen oder schön zu färben. Gesprächsführung setzt aber voraus, sich darüber bewusst zu sein, dass die Benennung von Zündstoff zu einem Zeitpunkt, da eine Gemeinsamkeit in dem Konflikt noch nicht gegeben ist, zur Explosion und damit zur Eskalation führen kann.

Deshalb noch einmal: Machen Sie sich vor dem Konflikt Gedanken darüber, welche möglicherweise gemeinsamen Interessen Sie in den Konflikt integrieren können. Stellen Sie diese an den Anfang eines Konfliktgesprächs, um darüber eine gemeinsame Basis zu schaffen:

Vorgesetzte: *„Herr Schulze, schön dass Sie sich nach dem Ärger auf der letzten Konferenz jetzt die Zeit genommen haben, mit mir einiges zu klären. Mir ist dieses Gespräch sehr wichtig."*
Mitarbeiter: *„Was soll das? Nach der letzten Konferenz ist doch wohl der Ofen aus."*
Vorgesetzte: *„Ich hoffe nicht. Ich möchte betonen, dass es mir außerordentlich Leid tut, wenn sich Fronten zwischen uns auftun und verhärten. Ich habe keinerlei Interesse daran. Sie sind ein guter und fähiger Mann, und mein Interesse ist es, die Unstimmigkeiten zwischen uns auszuräumen und ein Arbeitsklima zu schaffen, in dem Sie und ich gut zusammenarbeiten können. Daher bitte ich Sie, erzählen Sie mir frei von der Leber weg, was sich bei Ihnen in den letzten Wochen an Ärger gegen mich angestaut hat."*
Mitarbeiter: *„Das ist doch Unsinn. Die Situation ist doch viel zu verfahren."*
Vorgesetzte: *„Und mein Wunsch ist es, den Karren aus dem Dreck zu ziehen. Und deshalb möchte ich gerne von Ihnen wissen, was Ihnen an mir, die ich den Karren ja steuern muss, nicht passt."*
Mitarbeiter: *„Um beim Bild zu bleiben: Sie fahren den Karren vor die Wand."*

Vorgesetzte: *„Inwiefern?"*
Mitarbeiter: *„Na ja, ich meine ..."*

Schlittern Sie niemals in einen Konflikt hinein, ohne sich vorher ausführliche Gedanken über Ihre Interessen, über die möglichen Gegensätze, über die wahrscheinlichen Gemeinsamkeiten und Ihre daraus abgeleitete Vorgehensweise gemacht zu haben. Gesprächsführung verlangt Bewusstheit. Setzen Sie alles daran, eine Gemeinsamkeit über die Schaffung ähnlicher Interessen herzustellen, bevor Sie den Zündstoff ansprechen.

Phase I: Einführung

Entwerfen wir die Struktur für einen möglichen Verlauf des Konfliktgesprächs anhand des Beispiels von Thorsten und seiner Lehrerin über die Frage der Kappe im Unterricht. Im Unterricht selbst hatten sich die Fronten unnötig verhärtet, und die Lehrerin hat daraufhin den Konflikt vertagt:

Lehrerin: *„Thorsten, wir hatten in der letzten Stunde eine Auseinandersetzung um die Kappe, die nicht geklärt ist. Was mich beschäftigt ist die Frage, warum wir beiden so aneinander geraten sind. Wir hatten in letzter Zeit öfter Streit, und ich würde gerne wissen, warum. Außerdem ist es mir wichtig, dass du einen guten Abschluss machst. Was ist los? Vielleicht gibt es Hintergründe, die ich nicht kenne."*
„Keine Ahnung. Nö, glaub' ich nicht."

Verzichten Sie in der ersten Phase des Konflikts auf jede direkte oder indirekte Schuldzuweisung, Herabstufung, Kritik oder Verletzung Ihres Partners. Versuchen Sie, das Gespräch auf eine gemeinsame Basis zu stellen, indem Sie Interessen formulieren, die auch von Ihrem Konfliktpartner geteilt werden.

Phase II: Authentisches Zuhören

In dieser Phase versuchen Sie, die Beweggründe, Interessen und Ziele Ihres Gegenübers zu erfahren. Schalten Sie um auf **authentisches Zuhören**. Setzen Sie sich innerlich **neben** Ihren Gesprächs-Partner, um dessen Sichtweise des Konflikts kennen zu lernen. Verzichten Sie in dieser Phase auf Vorschläge, Wertungen, Kritik oder Belehrungen. Versuchen Sie, sich so genau wie möglich in die andere Person hineinzuversetzen. Signalisieren Sie Akzeptanz.

Die Lehrerin stellt die potenziell explosive Kappenfrage in den Hintergrund und kommt zunächst auf die Beziehung zu sprechen:

„Ich glaube, in der letzten Stunde ging es um mehr als nur die Kappe. Du hattest es drauf angelegt, mich mal auszutesten, oder?"
„Wieso?"
„Ich habe den Eindruck, dass du den Streit auch gesucht hast, weil dir irgendwas bei mir nicht passt."
„Nicht direkt."
„Nicht direkt? Du ärgerst dich über irgendwas an mir?"
„Dass ich die Kappe nicht tragen darf."
„Und noch etwas anderes, oder?"
„Schon."
„Und was?"

Die Lehrerin wird durch weiteres authentisches Zuhören die Hintergründe des Verhaltens ihres Schülers erfahren. Sie ist dabei, den **eigentlichen** Ursachen des Konflikts auf die Spur zu kommen. Sie hat das verbale und nonverbale Verhalten des Schülers entschlüsselt und durch Fragen versucht, die weiteren Hintergründe des Konflikts zu erforschen. Immer stärker bekommt sie im Verlauf des Gesprächs den Verdacht, dass sich der Konflikt in einem anderen Rahmen darstellt, als es für sie zunächst den Anschein hatte. Der Streit um die Kappe scheint nur der Anlass, aber nicht der Grund des Konflikts zu sein.

Versuchen Sie in dieser Phase des Konflikts mit Hilfe des authentischen Zuhörens möglichst viel über die Hintergründe und Beweggründe Ihres Konfliktpartners zu erfahren. Versuchen Sie, den genauen Konfliktrahmen zu erfassen. Verzichten Sie auf Schuldzuweisungen, Herabstufungen und Verletzungen. Eine andere Möglichkeit ist, so zuzuhören und einen bewertungsfreien Raum zu bieten, bis der andere zur Lösung bereit wird:

„Ich glaube, in der letzten Stunde ging es um mehr als nur die Kappe? Wir sind zum ersten Mal so zusammengerasselt (Pause). Magst du sagen, was los ist?"
„Wieso?"
„Ich denke, dir passt was nicht."
„..."
„Du weißt nicht, ob du es sagen sollst."
„Sie sind ja immer gleich gereizt."
„Und du willst es nur sagen, wenn ich »cool« bleibe."
„Mmh."
„... (Pause) ... o.k., ich bin bereit."
„Sie sind einfach total peinlich: Wenn ich mal was sage und das ist nicht korrekt, dann verbessern Sie das immer und gucken so blöd und verziehen den Mund ... das ist total blöd."
„Es wär' also besser, wenn ich mehr Respekt zeige ... dann ..."
„Ja, weil die Rebecca lacht dann immer, und ich fühl mich echt Scheiße."

„... *weil dir was an Rebecca liegt.*"
„*Keine Ahnung.*"
„*Und du willst, dass ich dann anders reagiere?*"
„*Lassen Sie es doch einfach mal stehen oder sagen Sie, dass die Idee gut ist, aber nicht passt.*"
„*O.k.*"

Phase III: Neudefinition des Konflikts

Überprüfen Sie zunächst, ob sich durch die Erkenntnisse, die Sie durch das authentische Zuhören gewonnen haben, Ihre Interessen und Ziele verändert haben. Hat der Konflikt einen neuen Bezugsrahmen erhalten, der den gesamten Sachverhalt und demnach auch Ihre Emotionen, Bedürfnisse und Wünsche ändert?

Unterstellen wir einmal, in dem Gespräch der Lehrerin mit ihrem Schüler hat sich durch authentisches Zuhören herausgestellt, dass Thorstens Provokation mit der Kappe eine Retour-Kutsche war. Thorsten fühlte sich in der letzten Zeit von der Lehrerin ungerecht behandelt und für Dinge ermahnt und gemaßregelt, die er seiner Meinung nach nicht verursacht hat: „*Immer bin ich an allem schuld. Immer schieben Sie mir alles in die Schuhe.*" Mit anderen Worten: Thorsten fühlt sich durch das Verhalten der Lehrerin verletzt und hat mit Hilfe der Kappen-Provokation einen Gegenangriff gestartet.

Die Lehrerin kommt aufgrund ihrer neuen Erkenntnisse, die sie aus dem authentischen Zuhören gewonnen hat, zu dem Ergebnis, den Konflikt auf zwei Ebenen angehen zu müssen:

1. auf der neuen Ebene der Beziehungs-Störung;
2. auf der ursprünglichen Ebene der Kappe.

„*Gut, Thorsten. Ich denke, dass wir zwei Dinge nacheinander klären sollen. Was können wir tun, damit du nicht das Gefühl hast, dass ich dich zum Sündenbock für alle Vorkommnisse in der Klasse mache? Und was machen wir mit der Kappe?*
Aber ich denke, dringlicher ist der erste Punkt."

Versuchen Sie, den Konfliktrahmen genau zu bestimmen: Welche sachlichen und welche emotionalen Grundlagen hat der Streit? Hat sich der Konflikt durch die Erkenntnisse des authentischen Zuhörens neu definiert?

Phase IV: Authentisches Senden

Teilen Sie Ihrem Konfliktpartner Ihre eigene Sichtweise des Konflikts mit:

„Thorsten, mir ist wichtig, dass bei dir nicht der Eindruck entsteht, dass ich dich »auf dem Kieker« habe. So, wie ich das gesehen habe, warst du an vielen Auseinandersetzungen beteiligt, die in der letzten Zeit in der Klasse vorkamen. Es kann aber gut sein, dass ich dich des Öfteren ermahnt habe, obwohl du die Streitigkeiten nicht verursacht hast. Vielleicht schaue ich wirklich nicht immer genau genug hin und bin vorschnell mit meiner Schuldzuweisung. (zwei Sekunden Pause) Ich bin einfach beunruhigt darüber, dass die Konflikte in der Klasse so drastisch zunehmen und dass bei dir gleichzeitig die Zensuren runtergehen. Deshalb möchte ich gerne diese Situation mit dir bereinigen und dir helfen, wieder in den guten Bereich zu kommen."
„Aber warum ermahnen Sie immer mich? Immer, wenn irgendwo etwas passiert, heißt es: Thorsten hör auf damit."
„Ich sage ja, dass ich da selbstkritisch überprüfen muss, ob ich wirklich genau genug hinschaue. Dein Einwand ist ein wichtiger Hinweis, der mir dabei helfen kann."

Bezogen auf das authentische Senden eigener Emotionen, Bedürfnisse und Wünsche gilt es nur eine zentrale Aussage zu betonen: Verzichten Sie auf jede Schuldzuweisung und Herabstufung. Übernehmen Sie die volle Selbstverantwortung durch die Form des „Ich weil Ich".

Phase V: Lösungen erarbeiten

Da wir der Frage der Lösungsfindung im Konflikt bereits ein längeres Kapitel gewidmet haben, möchten wir uns an dieser Stelle auf eine kurze Zusammenfassung beschränken: Fragen Sie, ob Ihr Konfliktpartner Lösungsvorschläge hat. Machen Sie eigene Vorschläge. Suchen Sie nach Lösungen, mit denen beide Parteien einverstanden sind. Rückversichern Sie sich immer, ob auch Ihr Gegenüber mit den Lösungen zufrieden ist. Schaffen Sie einen Konsens.

Lehrerin: *„Was kann ich deiner Meinung nach tun, damit du nicht das Gefühl hast, ich hätte dich »auf dem Kieker«?"*

Natürlich muss die Lehrerin in dieser Phase auch ihre eigenen Interessen benennen und in den Konflikt einbringen:

L.: *„Gut, ich werde mich darum bemühen, das umzusetzen, was du vorschlägst. Aber mein Interesse ist es natürlich auch, dass es erstens künftig weniger Ärger und Reibereien in der Klasse gibt. Und da bin nicht nur ich gefragt. Ich möchte, dass ich meinen Unterricht weitgehend störungsfrei durchführen kann. Und zweitens möchte ich, dass du wieder gute No-*

ten schreibst und einen guten Abschluss machst. Welche Möglichkeiten siehst du für dich, dazu beizutragen?"

Die Chance, dass die Lehrerin sich mit Thorsten im Laufe dieses Konfliktgesprächs auf Lösungen einigen kann, die von beiden getragen werden können, ist gegeben. Eine Garantie gibt es nicht, aber eine Wahrscheinlichkeit – und die ist bei dieser Art der Vorgehensweise, die Schuldzuschreibungen und Verletzungen vermeidet, sehr groß.

Und natürlich spricht die Lehrerin auch noch den „Zündstoff" an:
„So, jetzt müssen wir noch die Frage der Kappe klären. Sie stört mich und ich kann dabei nicht unterrichten. Wir brauchen eine Einigung."
„Ist ja gut, ich setze sie ab."
„Danke, Thorsten. Für mich ist jetzt alles klar. Wie ist das für dich? Sind alle Punkte geklärt, oder bleibt da noch ein Rest Ärger?"
„Nö, alles klar."

Suchen Sie nach einvernehmlichen und tragfähigen Lösungen. Klären Sie auch den „Zündstoff", dessen Brisanz sich nach der Klärung der Beziehungsebene in der Regel aufgelöst hat. Erst wenn für alle Punkte gemeinsam verantwortete Lösungen gefunden sind, kann ein Konflikt als geklärt bezeichnet werden. Rückversichern Sie sich daher stets, ob auch Ihr Konfliktpartner mit der gefundenen Lösung einverstanden ist.

Zusammenfassung:

Phase I: Einführung
Legen Sie Ihre persönlichen Beweggründe dar, warum Sie dieses Konfliktgespräch führen möchten. Verzichten Sie auf jede Kritik oder Herabstufung. Stellen Sie mögliche gemeinsame Interessen in den Vordergrund.

Phase II: Authentisches Zuhören
Versuchen Sie durch authentisches Zuhören, die Beweggründe und Interessen Ihres Konfliktpartners zu ermitteln. Zeigen Sie Akzpetanz und Verständnis.

Phase III: Konfliktrahmen definieren
Bestimmen Sie den Konfliktrahmen. Welche sachlichen und emotionalen Konfliktpunkte gibt es?

Phase IV: Authentisches Senden
Teilen Sie Ihrem Konfliktpartner Ihre eigenen Emotionen, Bedürfnisse und Wünsche mit. Übernehmen Sie die volle Selbstverantwortung; verwenden Sie die Form des „Ich weil Ich".

Phase V: Lösungen finden
Suchen Sie gemeinsam nach Lösungen, die von beiden Seiten getragen werden können. Fragen Sie abschließend Ihren Konfliktpartner, ob er mit den gefundenen Lösungen einverstanden ist.

Kleiner Konfliktleitfaden

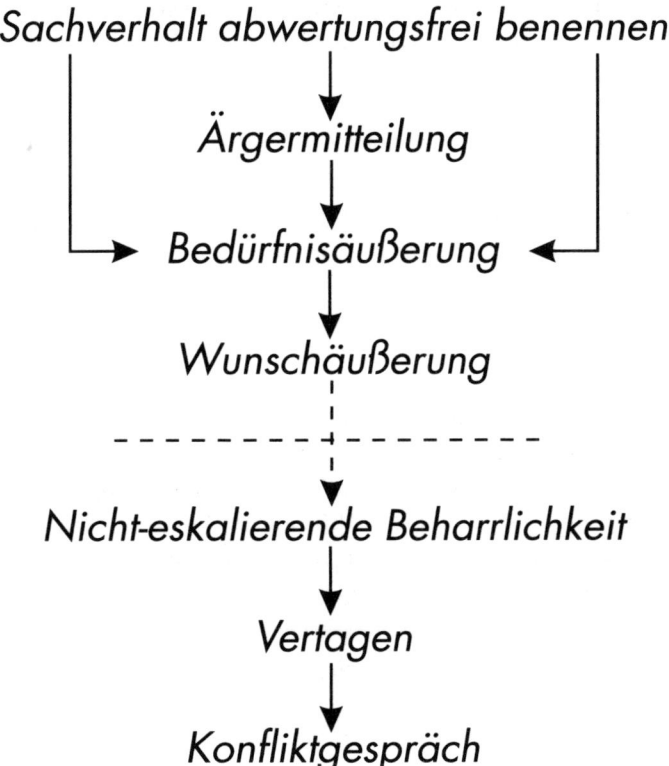

Sachverhalt abwertungsfrei benennen

Ärgermitteilung

Bedürfnisäußerung

Wunschäußerung

Nicht-eskalierende Beharrlichkeit

Vertagen

Konfliktgespräch

31. „Kämpfen Sie!"
Zur Rehabilitation des Kampfes

Unser Buch war bislang eine einzige Absage an den Kampf als Mittel der Konfliktbewältigung.

Aber um Himmels willen – kämpfen Sie. Seien Sie leidenschaftlich gerade im Konflikt.

Fallen wir uns mit diesem Plädoyer für den Kampf nicht selbst in den Rücken? Wir denken: Nein. Denn es macht einen großen Unterschied, ob ich **für** meine Interessen, oder **gegen** meine Konfliktpartner kämpfe. Ich kann leidenschaftlich, laut, polternd oder humorvoll dafür kämpfen, den nächsten Urlaub am Meer zu verbringen. Aber ich sollte dabei immer berücksichtigen, dass es für meinen Partner oder meine Partnerin viele gute Gründe gibt, lieber in die Berge fahren zu wollen. Ich kann felsenfest davon überzeugt sein, dass für mich das Meer der Ort meiner Träume ist, aber ich sollte ebenso respektieren, dass mein Partner sein Paradies in den Bergen wähnt. Für die Erfüllung der eigenen Bedürfnisse und Wünsche zu kämpfen heißt nicht automatisch, gegen meinen Partner oder meine Partnerin zu agieren. Die Frage des Kampfes ist eine Frage der Einstellung: Ob ich für oder gegen etwas kämpfe, entscheidet sich in meinem Kopf bzw. Körper.

Wenn Wertschätzung die Basis des Kampfes bildet, verringere ich die Wahrscheinlichkeit der Konfrontation.

Wir glauben allerdings, dass Wertschätzung zwei Seiten hat. Zunächst einmal ist es wichtig, die eigenen Emotionen, Bedürfnisse und Wünsche wertzuschätzen. Nur wer sich selbst wertschätzen kann – „zu sich selbst steht" – erliegt nicht der Gefahr, andere für die Erfüllung unerfüllter Träume verantwortlich zu machen. Nur wer sich selbst wertschätzt und die Verantwortung für die eigenen Gefühle und Bedürfnisse übernimmt, erliegt nicht der Versuchung, seine Mitmenschen zu bekämpfen, weil er glaubt, dass deren Bedürfnisse und Wünsche eigenes Glück verhindern.

Wertschätzung sich selbst gegenüber bildet die Basis der Wertschätzung der Mitmenschen. Nur wer sich selbst wertschätzt, verringert die Gefahr der Entwertung anderer.

Nur wer sich selbst achtet, kann seine Mitmenschen achten. Nur wer sich seiner eigenen Gefühle bewusst ist, kann auch die anderer Menschen wahrnehmen und annehmen. Nur wer die eigenen Bedürfnisse und Wünsche respektiert und für legitim erachtet, kann auch die seiner Partnerinnen und Partner akzeptieren und für legitim erachten. Nur wer die eigene Authentizität wahrt, findet auch die seiner Mitmenschen.

Nur wer sich selbst nicht bekämpft, kämpft auch nicht gegen andere Menschen.

Und umgekehrt ist der Verzicht, andere zu bekämpfen, gleichzeitig ein Verzicht darauf, sich selbst zu bekämpfen. Denn mit jeder Verletzung, die wir anderen im Kampf zufügen, verletzen wir uns nur selbst. Es gibt keine äußere Verletzung ohne eine innere.

Dieses Buch ist keine Anleitung zur rationalen, kühlen und emotionsfreien Konfliktbearbeitung. Im Gegenteil: Wir treten offensiv für eine Emotionalisierung unserer Konflikte ein. Wenn sich in einem Konflikt nur der eine Verstand mit dem einer anderen Person auseinander setzt, werden die Gefühle und Bedürfnisse der beteiligten Personen versteckt und unterdrückt. Tolstoi formulierte es treffend: *„Ein Mensch ist niemals emotionaler als an der Stelle, wo er behauptet, rational zu sein."* Wie viel Angst muss wohl vor den eigenen Gefühlen im Spiel sein, um mühsam zu versuchen, diese aus dem Konflikt und der Beziehung herauszuhalten? *„Lassen Sie uns das Thema doch bitte ganz sachlich bearbeiten."* Ab diesem Punkt beginnen Selbstbetrug und Lüge: Die Basis eines jeden Konflikts, nämlich die Ebene der Emotionen und des Beziehungsaspekts, werden dann aus dem Konflikt ausgeklammert. Gemanagt wird die Oberfläche, die Tiefe wird nicht einmal berührt.

Deshalb: Kämpfen Sie! Seien Sie leidenschaftlich. Integrieren Sie Ihre Gefühle und Bedürfnisse in den Konflikt und kämpfen Sie für deren Respektierung und Erfüllung.

Verzichten Sie darauf, Ihren Partner oder Ihre Partnerin zu **besiegen**. Versuchen Sie, diese für Ihre Lösungen zu **gewinnen**.

Was verstehen wir unter Personen mit einer authentischen Ausstrahlung? Es sind Menschen, die mit Leib und Seele, mit ihren Gefühlen und Bedürfnissen, für ihre Vorstellungen, Ideen und Träume einstehen. Gewinnende Menschen sind emotional. Sie kämpfen mit dem Herz in der Hand. Sie handeln mit klarem Verstand und gleichzeitig aus dem Bauch heraus. Sie übernehmen Selbstverantwortung.

Doch was ist, wenn „im Eifer des Gefechts die Pferde mit mir durchgehen" und der Konflikt wider besseres Wissen eskaliert? Was ist, wenn mir eine Lampe durchbrennt und ich „ausfallend" werde? Darf das nicht auch mal passieren? Ist das nicht allzu menschlich? Natürlich! Niemand von uns kann von sich behaupten, immer ehrlich sich selbst gegenüber zu sein und stets die Verantwortung für die eigenen Emotionen, Bedürfnisse und Wünsche übernehmen zu können. Immer wieder wird es Situationen geben, in denen wir unsere Authentizität verlieren, indem wir anderen die Schuld für Konflikte zuweisen und entsprechende Anklagen und Herabsetzungen vornehmen. Das alles kann und darf passieren. Aber wir sollten uns nicht darüber hinwegtäuschen, dass auf diese Art und Weise kein Konflikt gelöst werden kann.

Sollte uns also die Sicherung einmal durchgebrannt sein, dann müssen wir auch den Mut aufbringen, nachträglich die Selbstverantwortung zu übernehmen. Was spricht dagegen, den Konflikt mit etwas zeitlichem Abstand noch einmal anzusprechen und kooperativ zu bewältigen? Was spricht – außer unserer Eitelkeit – dagegen, sich für die Form und die zugefügten Verletzungen zu entschuldigen?

Kämpfen Sie für Ihre Bedürfnisse und Wünsche. Kämpfen Sie für Ihre Authentizität. Doch achten Sie stets darauf, dass Sie die Bedürfnisse und Wünsche Ihres Partners respektieren.

Literatur

Allman, William: Mammutjäger in der Großstadt – Wie das Erbe der Evolution unser Denken und Verhalten prägt; Heidelberg 1999

Arendt, Hannah: Macht und Gewalt; München 1970

Bach, George & Goldberg, Herb: Keine Angst vor Aggressionen – Die Kunst der Selbstbehauptung; Frankfurt 1981

Bauriedl, Thea: Wege aus der Gewalt – Analyse von Beziehungen; Freiburg 1992

Birkenbihl, Vera F.: Kommunikationstraining – Zwischenmenschliche Beziehungen erfolgreich gestalten; Landsberg 1998

Birkenbihl, Vera F.: Signale des Körpers – Körpersprache verstehen; Landsberg 1998

Birkenbihl, Vera F.: Warum wir andere in die Pfanne hauen ... und wie wir lernen können, dies zu vermeiden; Paderborn 2003

Berckhan, Barbara: Die etwas gelassenere Art, sich durchzusetzen – Ein Selbstbehauptungstraining für Frauen; München 1995

Branden, Nathaniel: Die sechs Säulen des Selbstwertgefühls – Erfolgreich und zufrieden durch ein starkes Selbst; Hamburg 1995

Bryner, Andy & Markova, Dawna: Die lernende Intelligenz – Denken mit dem Körper; Paderborn 1997

Buber, Martin: Ich und Du; Heidelberg 1997

Campbell, Anne: Zornige Männer, wütende Frauen – Wie das Geschlecht unser Aggressionsverhalten beeinflusst; Frankfurt 1978

Damasio, Antonio: Descartes Irrtum – Fühlen, Denken und das menschliche Gehirn; München 1999

Dtv-Lexikon Band 10; München 1980

Diamond, John: Der Körper lügt nicht; Freiburg 1995

Ericsson, Kjersti: Die Geschlechterfalle; Düsseldorf 1996

Farin, Klaus: Generation kick.de – Jugendsubkulturen heute; München 2001

Farin, Klaus (Hg.): Die Skins – Mythos und Realität; Berlin 1997

Fey, Gudrun: Gelassenheit siegt – Mit Fragen, Vorwürfen, Angriffen souverän umgehen; Regensburg 2000

Gandhi, Mahatma: Friedvoll siegen – Die Kraft der Beharrlichkeit; Bern 1997

Gandhi, Mahatma: Für Pazifisten; Münster 1996

Goffman, Erving: Interaktionsrituale – Über Verhalten in direkter Kommunikation; Frankfurt 1986

Goleman, Daniel: Emotionale Intelligenz; München 1997

Gordon, Thomas: Familienkonferenz – Die Lösung von Konflikten zwischen Eltern und Kind; Hamburg 1972

Gordon, Thomas: Familienkonferenz in der Praxis – Wie Konflikte mit Kindern gelöst werden; Hamburg 1978

Gordon, Thomas: Lehrer-Schüler-Konferenz – Wie man Konflikte in der Schule löst; Hamburg 1977

Gordon, Thomas: Managerkonferenz – Effektives Führungstraining; Hamburg 1979

Grabrucker, Marianne: „Typisch Mädchen ..." – Prägung in der ersten drei Lebensjahren; Frankfurt 1985
Herle, Ulrike: Selbstverteidigung beginnt im Kopf; München 1994
Johnen, Wilhelm: Die Angst des Mannes vor der starken Frau – Einsicht in Männerseelen; Frankfurt 1996
Johnstone, Keith: Improvisation und Theater; Berlin 1993
Kappeler, Susanne: Der Wille zur Gewalt – Politik des persönlichen Verhaltens; München 1994
Keller, Hedwig: Konflikt verstehen, verhindern, lösen – Konfliktmanagement für Führungskräfte; München 2000
Kersten, Joachim & Findeisen, Hans-Volkmar: Der Kick und die Ehre – Vom Sinn jugendlicher Gewalt; München 1999
Kersten, Joachim: Gut und Geschlecht – Männlichkeit, Kultur und Kriminalität; Berlin 1997
Mager, Karin: Bevor Sie aus der Haut fahren – Wie Sie fair und selbstbewusst Konflikte meistern; Hamburg 1999
Meister Eckhart: Alles lassen – Einswerden – Mystische Texte; München 1992
Meister Eckhart: Ewigkeit inmitten der Zeit – Gedanken eines Mystikers; Düsseldorf 1998
Molcho, Samy: Körpersprache; München 1983
Morris, Desmond: Körpersignale – Band I und II; München 1996
Mühlen-Achs, Gitta: Geschlecht bewusst gemacht – Körpersprachliche Inszenierungen; München 1998
Mühlen-Achs, Gitta: Wie Katz und Hund – Die Körpersprache der Geschlechter; München 1993
Nolting, Hans-Peter: Lernfall Aggression – Wie sie entsteht und wie sie zu vermeiden ist; Hamburg 1997
Parry, Danaan: Krieger des Herzens – Eine Schulung zur friedlichen Konfliktlösung; Freiburg 1998
Perls, Fritz: Das Ich, der Hunger und die Aggression – Die Anfänge der Gestalttherapie; München 1995
Pöhlmann, Simone & Roethe, Angela: Die Streitschule – Trainieren Sie Ihre Kommunikations- und Konfliktfähigkeit. Ein Arbeitsbuch; Paderborn 2001
Rosenberg, Marshall B.: Gewaltfreie Kommunikation – Aufrichtig und einfühlsam miteinander sprechen; Paderborn 2001
Rubin, Harriet: Machiavelli für Frauen – Strategie und Taktik im Kampf der Geschlechter; Frankfurt 1998
Schettgen, Peter: Der alltägliche Kampf in Organisationen – Psychologische Hintergründe und Alternativen am Beispiel der japanischen Kampfkunst „AIKIDO"; Wiesbaden 2000
Schnack, Dieter & Neutzling, Rainer: Kleine Helden in Not – Jungen auf der Suche nach Männlichkeit; Hamburg 1997
Schulz von Thun; Friedemann: Miteinander Reden – Band I, II und III; Reinbek 1999
Singer, Kurt: Zivilcourage wagen – Wie man lernt, sich einzumischen; München 1997
Sofsky, Wolfgang: Traktat über die Gewalt; Frankfurt 1996
Sprenger, Reinhard K.: Das Prinzip Selbstverantwortung; Frankfurt 1999
Theweleit, Klaus: Männerphantasien – Band I und II; München 1995
Tolle, Eckart: Jetzt – Die Kraft der Gegenwart; Bielefeld 2001
Tramitz, Christiane: Irren ist männlich – Weibliche Körpersprache und ihre Wirkung auf Männer; München 1995
Watzlawick, Paul: Anleitung zum Unglücklichsein; München 2001
Watzlawick, Paul: Wir wirklich ist die Wirklichkeit?; München 2001
Weidner, Jens: Anti-Aggressivitäts-Training für Gewalttäter; Bonn 1997

Die Autoren

Rudi Rhode, geb. 1957, Studium der Sozialwissenschaften; Pantomime und Schauspieler; Trainer für Kommunikation (Konfliktmanagement & Körpersprache) und Personaltrainer in den unterschiedlichsten Bereichen von Wirtschaft, Politik und Bildung.

Mona Sabine Meis, geb. 1953, Dr. phil., Studium der Anglistik & Slavistik; Studium der Bildenden Kunst an der Kunstakademie in Düsseldorf, theaterpädagogische Ausbildung am Schauspielhaus Düsseldorf.
Seit 1998 Trainerin beim *LABOR – K / Institut für Kommunikation, Konflikt & Körpersprache.*

Ralf Bongartz, geb. 1962, Studium des Kriminalistik und Psychologie, 20-jährige Tätigkeit als Kriminalhauptkommissar in NRW, davon 5 Jahre Trainer für Stressbewältigung und Deeskalation. Seit 1998 Trainer beim *LABOR – K / Institut für Kommunikation, Konflikt & Körpersprache* und Führungskräftetrainer beim *Herrenberger Team* (www.herrenberger-team.de).

labor-k

Institut für
körpersprache
konflikt
kommunikation

Rudi Rhode   Mona Sabine Meis   Ralf Bongartz

Seminarauswahl:

Konfliktbewältigung
Teamentwicklung
Führungstraining
Selbstpräsentation
Kundenbindung
Gewaltprävention
Körpersprache
Kreativitätstraining

www.labor-k.de
buero@labor-k.de

Der rote Faden: Soziale Kompetenz

160 Seiten, kart.
€ (D) 17,50
ISBN 3-87387-514-4

Unsere Welt ist überzogen mit Beziehungsnetzen. Man trifft sich, man kennt sich, man hilft sich. Aber Kontakte allein bringen wenig, die Qualität der Kontakte ist entscheidend. Unsere soziale Kompetenz ist der Faden, mit dem wir unsere Beziehungsnetze weben. Sie ist maßgebend für unseren privaten, wie auch beruflichen Erfolg und beeinflußt unsere gesamte Lebensqualität wie kaum ein anderer Faktor. Der Autor stellt einen Weg dar, wie man sich diese Erfolgsgrundlage erarbeiten kann, indem er soziale Kompetenz und ihre Bausteine aus verschiedenen Perspektiven beleuchtet. Dabei umfaßt die Spannweite der Darstellung nicht nur Grundlagen, wie individuelle Unterschiede zwischen Menschen, sondern auch tiefer liegende Zusammenhänge, die auf den ersten Blick nicht so leicht zu durchschauen sind.

Herbert Frosch, Dipl.-Kfm., geb. 1969, studierte Personal-/Führungslehre und Marketing an der Universität Bayreuth und in Lincoln/Nebraska, USA.

Seit 1993 leitet er Seminare und ist seit 1997 Lehrbeauftragter an der Universität Bayreuth für „Rhetorik" und „Training Sozialer Kompetenzen".

www.junfermann.de
www.active-books.de

JUNFERMANN • Postfach 1840 • 33048 Paderborn
eMail: ju@junfermann.de • Tel. 0 52 51/13 44 0 • Fax 0 52 51/13 44 44